Schlank werden:

»so geht's«

TRENN KOST

KH

Kohlenhydrathaltige *Lebensmittel*

Hier denkt man direkt automatisch ans Schlemmen! Schon beim Gedanken an die meisten Lebensmittel aus dieser Kategorie läuft einem das Wasser im Mund zusammen. Kartoffeln, Reis, Nudeln, Couscous, Amaranth, Hirse, Müsli, Mehl, Knäckebrot, Brot, Brötchen und alle Getreideprodukte, frische Datteln, frische Feigen, mürbe Äpfel, Bananen, Trockenobst wie z.B. Aprikosen, Pflaumen, Datteln, Feigen, Bananenchips ohne Zucker, Honig, Ahornsirup, Agavendicksaft, Obstdicksaft, Bier, Malzbier.

E

Eiweißhaltige *Lebensmittel*

Bei dieser Gruppe geraten vor allem Fans von tierischen Produkten ins Schwärmen. Aber auch Obstliebhaber. Gegartes Fleisch, gegarter Fisch und Meeresfrüchte, Eier, Milch, Käse aus pasteurisierter Milch, Käse bis 60% Fett i.Tr, Obst mit Fruchtsäure, z.B. Ananas, saftige Äpfel, Birnen, Erdbeeren, Himbeeren, Kiwis, Mango, Orangen, Pfirsiche, Zwetschgen, gekochte Tomaten, frisch gepresste Obstsäfte, Wein und Sekt.

N

Neutrale *Lebensmittel*

Grünzeug, Nüsse, Sprossen und Co. – so weit das Auge reicht. Gemüse, Salate, Melonen, Heidelbeeren, rohe Tomaten, gesäuerte Milchprodukte, Frischkäse, Sauermilch- und Rohmilchkäse, Sahne, Eigelb, Soja, Rosinen, Nüsse (außer Erdnüsse), Kokosflocken, Samen, Sprossen, Keimlinge, Kräuter, Pilze, Gewürze, Obstessig, rohes Fleisch, roher Fisch, Räucherfisch, Öle, Fette, Butter, klarer Schnaps, Wacholderbranntwein.

Ursula Summm

ist Bestseller-Autorin und bekannt durch ihre zahlreichen Trennkost-Bücher. Schwer übergewichtig und krank, entdeckte sie nach vielen vergeblichen Diätversuchen 1978 die Hay'sche Trennkost für sich selbst. Zum ersten Mal fand sie wirklich Hilfe und begann, diese Ernährung weiterzuentwickeln und ihre Erfahrungen anderen Menschen mitzugeben. Sie erreichen die Autorin unter www.trennkost.de oder www.abnehm-portal.com.

Ursula Summ

Trennkost. Das Minuten-Kochbuch

160 Rezepte von 5 bis 60 Minuten

TRIAS

Einfach. Köstlich. Zu jeder Zeit.

Special

Zeitlose Rezepte zeitgenau zubereiten

Service

Liebe Leserin, lieber Leser,

die große Zahl der Trennkost-Begeisterten weiß es bereits, und falls Sie diese Ernährungsform noch nicht ausprobiert haben, werden auch Sie bald die Erfahrung machen: Trennkost hilft nicht nur beim Abnehmen, sondern verbessert auch Ihr Wohlbefinden – ohne dass Ihr Speiseplan dabei einseitig oder langweilig wird. Ganz im Gegenteil: Bei Trennkost ist Abwechslung erwünscht. Das vorliegende Buch bietet Ihnen eine breite Palette feinster Schlemmereien, die alle auf der Basis einer vitamin- und mineralstoffreichen Ernährung ausgerichtet sind. Gesunde Ernährung kann so einfach sein! Falls Sie auf diesem Gebiet noch Neuling sind, dann wagen Sie sich jetzt beherzt an dieses interessante Thema heran. Beschreiten Sie neue Pfade. Entdecken Sie die wohltuende Wirkung dieser einzigartigen Ernährungsform – Sie werden überrascht sein, wie sehr Trennkost Ihre Lebensqualität verbessert.

Sie wollen mehr Vielfalt und Genuss beim Essen? Weniger Aufwand bei der Zubereitung? Entdecken Sie »**Neues Kochen**« mit Trennkost – für sich und Ihre Familie.

Variieren und kombinieren Sie nach Belieben, stimmen Sie, gemäß dem Kombiplan, Nahrungsmittel harmonisch aufeinander ab. Wählen Sie aus, was Sie gerne essen möchten und was bei der Zubereitung in Ihren Zeitrahmen passt. Denn in diesem Buch habe ich, wie Sie unschwer erkennen können, den Rezeptteil nach Zeitaufwand eingeteilt. Sie selbst bestimmen, entsprechend Ihrem individuellen Zeitbudget, ob eine Mahlzeit in 5, 15, 30, 45 Minuten oder mehr Kochzeit fertig sein soll. So können Sie jeden Tag neu entscheiden, wie viel Zeit Sie für die Zubereitung der Trennkostmahlzeit einplanen möchten.

Lassen Sie sich von meinen Rezeptideen inspirieren. Fangen Sie einfach an und probieren Sie die Rezepte aus. Werden Sie beim Kochen kreativ und entwickeln Sie dabei Ihre eigenen Geschmacksvorlieben. Trennkost bereichert Ihren Speiseplan mit vielen neuen Ideen und erschließt Ihnen ungeahnte Variationsmöglichkeiten.

Ich wünsche Ihnen eine erlebnisreiche und schöne Zeit, viel Spaß beim Nachkochen und natürlich einen guten Appetit.

Herzlichst
Ihre Ursula Summ

Vorspeise

Frühlingssalat

N

Für 2 Personen ► gelingt leicht
15 Min.

› **1 kleines Bund Rucola** › **1 kleiner Romanasalat** › **1 kleine gelbe Paprika** › **1 Fleischtomate** › **1 EL Olivenöl** › **1 EL Obstessig** › **frischer Pfeffer aus der Mühle** › **Meersalz** › **10 schwarze Oliven**

Rucola waschen, trocknen und klein schneiden. Romanasalat putzen, waschen, abtropfen lassen und in mundgerechte Stücke zerpflücken. Paprikaschote halbieren, entkernen, waschen und würfeln. Tomate waschen, vom Stielansatz befreien und in schmale Spalten schneiden. Die vorbereiteten Salatzutaten in einer Schüssel mischen. Für das Dressing Öl mit Essig, 5 EL Wasser, Pfeffer und Salz kräftig verrühren. Salat mit dem Dressing mischen und mit Oliven garnieren.

Mein schnelles Dinner

Hauptgericht

Saltimbocca mit Pilz-Lauch-Gemüse

E

Für 2 Personen ► gelingt leicht
20 Min.

› **300 g Champignons in Scheiben (tiefgekühlt)** › **300 g Lauch (tiefgekühlt)** › **1 EL Öl** › **4 dünne Kalbsschnitzel à 90 g** › **12 Salbeiblätter** › **4 Scheiben Rinderschinken** › **1 EL Butter** › **2 EL Rotwein** › **Pfeffer** › **Salz**

Champignons und Lauch in einer Pfanne mit Öl unter Rühren kräftig anbraten. Mit Pfeffer und Salz würzen und 8–10 Min. schmoren lassen. Kalbsschnitzel flach klopfen. Salbeiblätter und Schinken in einer Pfanne mit Butter kurz braten, dann herausnehmen. Das Fleisch im restlichen Bratfett von jeder Seite etwa 2 Min. braten. Mit Pfeffer und Salz würzen. Schinken und Salbei auf dem Fleisch verteilen. Den Bratfond mit Rotwein und 1 EL Wasser löschen. Zusammen mit dem Gemüse servieren.

Dessert

Heidelbeer-Schichtspeise

N

Für 2 Portionen ► gut vorzubereiten
15 Min.

› **200 g Heidelbeeren (frisch oder TK)** › **einige Tropfen Stevia flüssig oder 2 EL Ahornsirup** › **300 g Joghurt** › **1 TL Zimtpulver**

Frische Heidelbeeren verlesen und waschen oder TK-Heidelbeeren auftauen lassen. Einige Früchte für die Garnitur beiseitelegen, den Rest vorsichtig mit einer Gabel zu Mus zerdrücken. Heidelbeermus mit Stevia bzw. Ahornsirup süßen und mit der Hälfte des Joghurts verrühren. Restlichen Joghurt mit Zimt verrühren und ebenfalls süßen. In 2 hohen Dessertgläsern abwechselnd Zimtjoghurt und Heidelbeerjoghurt einschichten. Mit den restlichen Heidelbeeren garnieren.

TRENN KOST
Einfach.
Köstlich.
Zu jeder Zeit.

Trennkost **à la minute** – einfach genial

Was tun an Tagen, an denen man trotz guter Vorsätze wenig Zeit zum Kochen hat? Die Lösung heißt Trennkost. Hier finden Sie neben aufwendigeren Rezepten auch »schnelle Gerichte«, die köstlich schmecken.

Haben Sie die Trennkost schon einmal genauer in Augenschein genommen? Ist Ihnen aufgefallen, dass es die simpelste Kochmethode ist, die man sich vorstellen kann? Statt drei Komponenten, wie es bei einer Mahlzeit in der klassischen deutschen Küche üblich ist, bereiten Sie nur zwei Speisen zu. Das bedeutet: Zu Fleisch oder Fisch servieren Sie einfach Gemüse oder Salat. Stehen Kartoffeln, Nudeln oder Reis auf dem Plan, gibt es auch dazu Gemüse oder Salat.

Und nun kommt das i-Tüpfelchen zu dieser genial einfachen Formel: Sie wählen frei nach Ihrem Zeitplan die Kochzeiten aus. So haben Sie die Zubereitung der Mahlzeiten optimal im Griff, denn nur Sie wissen, ob Ihnen 5, 15, 30, 45 Minuten oder mehr Zeit zum Kochen zur Verfügung stehen.

Auf diese Weise können Sie für Ihren täglichen Speiseplan stets Entscheidungen treffen, die Ihren individuellen Bedürfnissen entsprechen. Schließlich ist die Situation eines jeden Menschen anders und nur Sie selbst sollen bestimmen, was Sie tun bzw. kochen möchten. Daher finden Sie in diesem Kochbuch ausschließlich Rezeptideen, die für Sie in Ihrem Alltag auch umsetzbar sind.

Eine Patentlösung für alle Fälle gibt es nicht. Dennoch werden Sie sehen: Diese Technik eines Zeitplans funktioniert auch bei Ihnen. Probieren Sie es einfach aus!

* * *

Essen im Wandel der Zeit

Bedingt durch den Konsum von Fertigkost und Fast Food fehlt immer mehr Menschen das Gefühl für die Wertigkeit von Nahrungsmitteln. Dies fällt besonders bei Kindern und Jugendlichen auf, die teilweise gar nicht mehr wissen, woher Milch, Käse, Eier, Wurst und Fleisch kommen. Viele von ihnen kennen z.B. nicht einmal den Geschmack frischer Himbeeren oder es fällt ihnen schwer, etwa mit verbundenen Augen natürliche Nahrungsmittel am Geschmack zu erkennen. Man kann es ihnen noch nicht einmal verübeln, lässt doch die moderne westliche Ernährungsweise mit ihren ausgefeilten, oft künstlich hergestellten Geschmacksrichtungen jede Natürlichkeit vermissen.

Obwohl bekannt ist, dass in fast allen Fertiggerichten Farbstoffe, Konservierungsstoffe, Geschmacksverstärker und Co. enthalten sind, greifen trotzdem viele Menschen gerne darauf zurück – sei es aus Zeitnot oder auch nur der Bequemlichkeit halber. Dies ist in gewisser Weise verständlich – bei den vielen Pluspunkten, die die Fertigkost bietet: So ist sie meist denkbar einfach in der Zubereitung, schnell auf dem Tisch und zudem preiswert. Diese Entwicklung ist beunruhigend, lässt sie doch vermuten, dass es manchen Menschen egal ist, was sie essen. Wenn dann der Körper irgendwann rebelliert, kommen nur wenige auf den Gedanken, der Fehlernährung eine Schuld an ihrer Erkrankung zuzuweisen.

Ernährungsbedingten Krankheiten beugen Sie am besten vor, indem Sie sich vollwertig ernähren: Salat, Gemüse, Obst, Vollkornerzeugnisse, Nüsse, Milchprodukte sowie mageres Fleisch und Fisch versorgen den Körper mit allen lebenswichtigen Nährstoffen, die er braucht, um gesund zu bleiben. Vollwertigkeit, Natürlichkeit und Frische werden bei Trennkost groß geschrieben. Industriell hergestellte Nahrung wird prinzipiell abgelehnt, denn diese schadet langfristig der Gesundheit.

> Die **Vollwertigkeit der Nahrungsmittel** ist eines der Grundprinzipien der Trennkost.

* * *

Gesundes Essen macht schlau

Wussten Sie, dass die falsche Ernährung nicht nur zu Übergewicht und zahlreichen Krankheiten führen kann, sondern sich auch negativ auf unsere mentale Leistung auswirkt? Wissenschaftlichen Untersuchungen zufolge ist kein anderes Organ im Körper so stark von der Ernährung abhängig wie das Gehirn. Schon eine einzige Mahlzeit kann die Funktion des Gehirns günstig, aber auch ungünstig beeinflussen. Darum ist es für unsere geistige Leistungsfähigkeit und unsere Psyche, also auch unser seelisches Wohlbefinden und Verhalten, von größter Bedeutung, wie wir uns ernähren.

Bis vor kurzem galt das Gehirn mit seinen Funktionen als weitgehend »autonom«. Erst in den letzten Jahren erkannten Hirnforscher die Risiken infolge einer Ernährung mit vorwiegend industriell verarbeiteten Lebensmitteln. Nahrungsmittel, denen wertvolle lebenswichtige Nährstoffe entzogen wurden, die gleichzeitig mit Farbstoffen, Konservierungsstoffen, Geschmacksverstärkern und schlechten Fetten »aufgepeppt« und haltbar gemacht werden, haben dramatische Folgen für die Hirntätigkeit. Durch diese Beeinflussung des Gehirns ginge die Intelligenz messbar zurück. Auch neurologische Erkrankungen wie Parkinson, Alzheimer oder Depressionen werden mit der Qualität unserer Ernährung in Verbindung gebracht. Sogar Kinder sind betroffen. Viele Schulkinder haben Konzentrationsschwächen und sind hyperaktiv – ihre Aufmerksamkeitsstörungen sind häufig ausgelöst durch ein Zuviel an chemischen Zusätzen und einen Mangel an wertvollen Nährstoffen im Essen. Naturbelassene und vollwertige Lebensmittel hingegen wirken sich positiv auf die Hirntätigkeit aus.

* * *

Auf die Verdauung kommt es an!

Beim Trennkost-Prinzip werden Kohlenhydrate und Eiweiße nie zusammen innerhalb

Küchenkräuter geben vielen Gerichten die Extra-Portion an Geschmack

einer Mahlzeit verzehrt, die beiden Gruppen werden stets getrennt – daher der Name. Kohlenhydrate kommen reichlich in Getreide, Brot, Nudeln, Kartoffeln, Reis und zuckerhaltigen süßen Lebensmitteln vor. Eiweiß ist vor allem in Fleisch, Fisch, Käse, Milch und Eiern enthalten. Um die ganzheitliche Wirkung der Trennkost zu begreifen, ist es sinnvoll, sich zunächst einmal mit den Funktionen des Verdauungsapparates zu beschäftigen. Wichtig ist es in diesem Zusammenhang zu wissen, dass Kohlenhydrate und Eiweiße mit unterschiedlichen Verdauungssäften aufgespalten, zersetzt und verdaut werden.

Die Kohlenhydratverdauung unterliegt einem basischen Prozess und beginnt bereits im Mund. Die Eiweißverdauung ist von Säure abhängig und beginnt erst im Magen. Werden nun innerhalb einer Mahlzeit reichlich Kohlenhydrate und Eiweiße zusammen gegessen, kann der Akt der Verdauung für den Organismus zur Schwerstarbeit werden. Eine wichtige Rolle im Verdauungsprozess spielt die Bauchspeicheldrüse. Dieses lebensnotwendige Organ reguliert nicht nur den Blutzuckerspiegel, sondern es bildet zusätzlich basische Verdauungsenzyme, die dafür zuständig sind, die vorverdauten Kohlenhydrate, Eiweiße und Fette im Dünndarm vollständig zu zerlegen.

Leider verlaufen diese Verdauungsvorgänge nicht immer reibungslos. Werden z. B. Nahrungsmittel zu oft in zu großen Mengen verzehrt, zudem kunterbunt durcheinandergegessen, kann es durch die Überbelastung der Bauchspeicheldrüse zu einer unzureichenden Verdauung kommen. Unvollständig verdaute Nahrungsbestandteile, die zu lange im Darm liegen, beginnen, bedingt durch Wärme und Feuchtigkeit, zu gären. Aus der Verdauungsfabrik wird eine Gasfabrik, was sich durch einen aufgeblähten Bauch, ein unangenehmes Völlegefühl oder durch Koliken bemerkbar machen kann.

Doch nicht nur die Gasbildung macht dem Körper zu schaffen, betroffen ist auch die Leber. Denn die Dünndarmschleimhaut, ausgestattet mit Millionen winziger Darmzotten, nimmt nicht nur gute, sondern auch die teils verfaulten Nahrungsbestandteile auf, die dann zur Leber transportiert werden. Die Leber, unser zentrales Entgiftungsorgan, ist gezwungen, alle ankommenden Stoffe anzunehmen, diese zu entgiften, um- und abzubauen, um sie anschließend an Organe und Zellen weiterzuleiten oder auszuscheiden. Ungünstig zusammengestellte Nahrung belastet also nicht nur unser Verdauungssystem, sondern auch wichtige Organe wie die Leber.

Besonders magen- und darmempfindliche Menschen reagieren nach falsch kombinierten Speisen oft mit saurem Aufstoßen, schlechter Verdauung und bleierner Müdigkeit.

Die Kombination macht's: Kombiniert man dagegen die Speisen innerhalb einer Mahlzeit harmonisch miteinander, werden die Verdauungsorgane spürbar entlastet. Das heißt konkret: Innerhalb einer Mahlzeit sollten Sie stark eiweißhaltige Speisen nicht zusammen mit stark kohlenhydrathaltigen Speisen verzehren. Neutrale Speisen hingegen können sowohl mit eiweiß- als auch mit kohlenhydratreichen Lebensmitteln kombiniert werden (siehe auch Kombiplan, Seite 18, und »Die Neutralen«, Seite 16). Wenn Sie dieses Prinzip beherzigen, werden Sie sich schon nach kurzer Zeit besser fühlen: Die Beschwerden verschwinden, Sie fühlen sich energiegeladen und die Müdigkeit ist wie weggeblasen.

* * *

TIPP

So wird der Einstieg kinderleicht

Das Trennen der einzelnen Nahrungsmittel innerhalb einer Mahlzeit ist gar nicht so schwierig, wenn man das System erst einmal erkannt hat. Studieren Sie zuerst den gut übersichtlichen Kombiplan (Seite 18). Auch der Mengenplan (Seite 24) hilft beim Zusammenstellen der einzelnen Mahlzeiten in den richtigen Mengen. Sowohl in den beiden Plänen als auch im Rezeptteil sind die eiweißreichen Nahrungsmittel blau, die kohlenhydratreichen orange und die neutralen Nahrungsmittel grün markiert. Diese farblichen Markierungen helfen Ihnen bei der Umstellung auf die neue Ernährungsweise.

Von Säuren und Basen

Ein weiterer wichtiger Punkt bei der Trennkost ist die Beachtung des Säure-Basen-Gleichgewichts. Säuren entstehen im Körper vorwiegend während des Verbrennungsprozesses als saure Zwischen- und Endprodukte des Eiweiß-, Kohlenhydrat- und Fettabbaus. Aber nicht nur eine ungesunde Ernährung, auch Stress, Lärm, Angst und bestimmte Medikamente können eine schädliche Gewebsübersäuerung begünstigen. Fast alle Organe, Gewebe und Zellen werden durch übermäßige Säuerung gestört oder geschädigt, dies macht uns krank und lässt uns vorzeitig altern. Ernste Erkrankungen, die durch jahrelange Übersäuerung mit verursacht werden, sind Herzinfarkte, Schlaganfälle und Krebs. Um sich vor diesen Schäden zu schützen, verfügt der Organismus zum Glück über ein gut funktionierendes Puffersystem. Doch mit dem Älterwerden wächst zunehmend die Gefahr, dass Körperzellen und Gewebe übersäuern – daher die Häufigkeitszunahme von Stoffwechselkrankheiten im Alter.

Umso wichtiger ist es, dass immer, wenn säurereich gegessen wird, ausreichend Basen (alkalische Mineralien) als Ausgleich zur Verfügung gestellt werden. Basen sind die Gegenspieler der Säuren. Sie haben eine alkalisierende bzw. neutralisierende Wirkung den Säuren gegenüber, gleichen also unseren Säure-Basen-Haushalt aus. Basen – also Vitamine, Mineralstoffe und Spurenelemente – kommen in Gemüse, Salat, Obst, Keimlingen, Kernen, Samen und Kartoffeln in großen Mengen vor. Ohne diese kleinen Helferlein geht gar nichts. Sie sind die Akkordarbeiter im Energiestoffwechsel und sollten täglich reichlich verzehrt werden.

Säure- und basenbildende Nahrungs- und Genussmittel:

- Stark säurebildend sind: Fleisch- und Wurstwaren, Fisch- und Meeresfrüchte, Käse, Eier, Weißmehlprodukte, Hülsenfrüchte, Pommes frites, Kartoffelchips, raffinierter Zucker, Süßwaren, gehärtete Pflanzenfette, raffinierte Öle, Limonaden, Kaffee, schwarzer Tee, Kakao, alkoholische Getränke, Nikotin
- Mittel bis schwach säurebildend sind: Getreide, Vollkornprodukte, Quark, gesäuerte Milchprodukte
- Mittel bis schwach basenbildend sind: Pilze, frisch gepresste Säfte, Butter, Nüsse, Trockenobst
- Stark basenbildend sind: Gemüse, Salate, Kartoffeln, Keimlinge, Sprossen, frische Kräuter, reifes Obst, Sahne

TIPP

Regelmäßig Fisch auf den Tisch!

Die in fettem Fisch (v. a. in Lachs, Hering, Makrele, Thunfisch) enthaltenen wertvollen Omega-3-Fettsäuren gelten als cholesterinsenkend und besitzen nachweislich eine Schutzwirkung für Herz und Blutgefäße. Trotz des hohen Kaloriengehalts sollten Sie fetten Seefisch daher immer wieder mal auf den Speiseplan setzen.

* * *

Die Neutralen

Wie zuvor beschrieben, ist es für die Verdauung ungünstig, wenn zu einer stark kohlenhydrathaltigen Mahlzeit reichlich Eiweiß gegessen wird oder umgekehrt. Damit die Mahlzeiten aber nicht in Eintönigkeit enden, steht uns eine dritte Kategorie zur Verfügung. Sie umfasst die neutrale Gruppe, auch Kombis genannt, die sowohl mit eiweißreicher als auch mit kohlenhydratreicher Nahrung zusammen verzehrt werden können.

Neutral bedeutet nicht, dass diese Lebensmittel kalorienarm sind, sondern vielmehr, dass die Speisen weder den Verdauungsprozess der Eiweiße noch den der Kohlenhydrate behindern. Sie harmonieren mit allen Lebensmitteln.

Doch Vorsicht, einige dieser neutralen Nahrungsmittel sind sehr gehaltvoll! Daher wurde die Gruppe im Kombiplan (Seite 18) in zwei Teile gegliedert: Lebensmittel aus Teil eins (fettreiche Produkte) bitte nur sparsam verwenden, bei Teil zwei (Gemüse, Salate, Pilze und Sprossen) können Sie unbegrenzt zugreifen.

Die Erklärung zu einigen Besonderheiten: Immer wieder tauchen Fragen auf, warum gesäuerte Milchprodukte, rohes Fleisch bzw. roher Fisch sowie verschiedene Käsesorten zur neutralen Kost zählen, obwohl diese Nahrungsmittel doch eindeutig stark eiweißhaltig sind. Die Erklärung dafür liegt in der leichteren Verdaulichkeit dieser Nahrungsmittel und nicht, wie vielleicht angenommen, in ihrem Eiweißgehalt.

- So sind zum Beispiel Joghurt, Quark, Kefir oder andere gesäuerte Milchprodukte stark eiweißhaltig, aber dennoch neutral. Milchsäurebakterien leisten hier bei der Verdauung schon gute Vorarbeit, denn sie verändern durch den Säuerungsprozess die Struktur der schwer verdaulichen Milch und machen die Endprodukte somit leichter verdaulich.

- Des Weiteren zählen alle Käsesorten, die aus naturbelassener roher Milch geschöpft und hergestellt werden, zur neutralen Gruppe. Sie sind, ebenso wie Quark, durch Milchsäurebakterien gesäuert und damit leichter verdaulich. Bei pasteurisierten Käsesorten fehlt oftmals die natürliche Säuerung, dadurch sind sie etwas schwerer verdaulich und zählen zur Eiweißgruppe.
- Auch rohes Fleisch und roher Fisch – wie Tatar, roher Schinken, luftgetrocknete Salami oder Matjes, Hering oder Lachs – sind zwar eiweißreiche Nahrungsmittel, zählen aber dennoch zur neutralen Kost. Der Grund liegt hier in ihrer im rohen Zustand unveränderten Zellstruktur. Erst durch Kochen oder Erhitzen verändert sich die Zellhaut, indem sie sich verdichtet und verhärtet. Dadurch werden Fleisch und Fisch schwerer aufspaltbar, gleichzeitig auch schwerer verdaulich.
- Zu den neutralen Lebensmitteln gehören auch alle Fette, hochwertige pflanzliche Öle und Butter sowie Sahne und vollfetter Käse ab 60 Prozent Fettgehalt. Auch heiß geräucherte Fische wie Makrele, Sprotten, Heilbutt oder ähnliche Fische sind wegen des hohen Fettgehalts neutral. Der Begründer der Trennkost, Dr. Howard Hay, erklärte dies damit, dass Fette nicht im Magen, sondern erst im oberen Teil des Dünndarms verdaut werden und somit weder die Eiweiß- noch die Kohlenhydratverdauung stören.
- Obwohl ganze Eier zur Eiweißgruppe zählen, gehört das Eigelb selbst zur neutralen Gruppe. Der Dotter hat zwar einen höheren Eiweißgehalt als das Eiklar selbst, gleichzeitig aber einen noch höheren Fettgehalt.

Meine eigene Erfahrung

Seit 1978 befasse ich mich mit der Hay'schen Trennkost. Damals sehr krank und stark übergewichtig, erfuhr ich am eigenen Leib die enorme Wirkung dieser Ernährungsweise. Durch die Trennkost fand ich zu einem gesunden, harmonischen Leben zurück und erreichte mein Normalgewicht. Mit diesem Wissen ging ich an die Öffentlichkeit und gründete Trennkostgruppen. Hautnah erlebte ich, wie füllige Menschen ihr persönliches Idealgewicht ohne Qual erreichten, und beobachtete gleichzeitig, wie kranke Menschen durch Trennkost gesund wurden. Zuerst glaubte ich an Zufälle, doch immer wieder bestätigten mir Kursteilnehmer unabhängig voneinander die Verbesserung ihres Gesundheitszustands. Dies alles macht mich sehr glücklich und gibt mir als Idealistin die Gewissheit, einen wichtigen Beitrag geleistet zu haben.

* * *

Ein bisschen Hintergrundwissen

Erfinder der Trennkost war Dr. med. William Howard Hay (1866–1940), Mediziner und Chirurg. Im Alter von 41 Jahren erkrankte er an einem schweren Nierenleiden, Bluthochdruck und Herzerweiterung. Kein Arzt machte ihm Hoffnung auf Genesung. Aber Hay gab nicht auf, fand die rettende Lösung in einem Bergvolk im Himalaya und ernährte sich nach ihrem Vorbild. Dies wirkte sich bereits innerhalb kurzer Zeit positiv auf seine gesamte Gesundheit aus. So konnte er sich heilen. Heute ist diese Form der Ernährung als Trennkost bekannt.

E

Eiweißhaltig

- ***GEGARTES FLEISCH:*** Bratenfleisch, Rouladen, Gulasch, Steaks, Hackfleisch, Putenschnitzel, Gans, Ente
- ***GEGARTER FISCH:*** Seelachs, Kabeljau, Lachs, Rotbarsch, Heilbutt, Thunfisch, Forelle
- ***ALLE KÄSESORTEN, DIE ERHITZT WURDEN:*** z. B. Edamer, Esrom, FolEpi, Gouda, Havarti, Tilsiter, Eier und Milch aller Fettstufen
- ***OBST:*** Ananas, Aprikosen, frische Äpfel, Birnen, Erdbeeren, Granatapfel, Grapefruits, Himbeeren, Johannisbeeren, Kirschen, Kiwis, Mandarinen, Mangos, Litschis, Orangen, Papayas, Pfirsiche, Pflaumen, Zitronen
- ***GETRÄNKE:*** Obstsäfte, Apfelwein, Weiß-, Rot- und Roséwein, Sekt
- ***SONSTIGES:*** Gekochte Tomaten, Essig

KH

Kohlenhydrathaltig

- ***VOLLKORNGETREIDE & -ERZEUGNISSE:*** Quinoa, Hafer, Gerste, Hirse, Weizen, Roggen, Maisgries, Vollkornbrot, Vollkornbrötchen, Kuchen und Gebäck aus Vollkornmehl, Vollkornnudeln, Nudeln aus Hartweizengrieß, Naturreis, Kartoffeln
- ***OBST:*** Bananen, mürbe Äpfel, frische Feigen, frische Datteln, ungeschwefeltes Trockenobst
- ***SÜSSUNGSMITTEL:*** Ahornsirup, Honig, Birnen- und Apfeldicksaft. Diese Süßungsmittel dürfen in kleinen Mengen auch zum Abschmecken von Eiweißgerichten verwendet werden.
- ***SONSTIGES:*** Kartoffelstärke, Puddingpulver, Bier

Neutrale Lebensmittel

N

Sparsam verwenden!

- ***FETTE:*** Kalt gepresste Öle, Butter, ungehärtete Margarine und Plattenfette, alle gesäuerten und vollfetten Milchprodukte (z. B. Joghurt, saure Sahne, Quark, Buttermilch, Dickmilch, süße Sahne, Kaffeesahne), Crème fraîche

- ***NEUTRALER KÄSE:*** Alle Käsesorten über 60 % Fett i. Tr. und solche, die aus naturbelassener, roher Milch geschöpft und hergestellt werden (z. B. Allgäuer, Emmentaler, Appenzeller, Greyerzer, Raclette, Parmesan, Saint Albray)

- ***ROHE LUFTGETROCKNETE ODER ROHE GERÄUCHERTE WURSTWAREN:*** Bündner Fleisch, roher Schinken, Lachsschinken, Salami, Debrecziner, Tatar (rohes Fleisch nur ganz frisch verwenden!)

- ***ROHE, MARINIERTE ODER GERÄUCHERTE FISCHSORTEN:*** Räucherlachs, Matjeshering, Bismarckhering, Schillerlocken, Forelle, Makrele, Aal, Bückling

- ***NÜSSE UND SAMEN:*** Haselnüsse, Walnüsse, Mandeln, Kokosnuss, Sonnenblumenkerne, Sesam, Mohn, Chiasamen, Hanfsamen(mehl). (Erdnüsse bitte meiden, sie sind schwer verdaulich.)

- ***MILDE ESSIGSORTEN:*** Obstessig, Brottrunk, Feigenessig, sehr alter Balsamico, vergorenes Molkekonzentrat (Molkosan)

Reichlich verwenden!

- ***GEMÜSE UND SALATE:*** Auberginen, Artischocken, Avocados, Brokkoli, Blumenkohl, grüne Bohnen, Chicorée, Chinakohl, Eisbergsalat, Endiviensalat, grüne Erbsen, Grünkohl, Feldsalat, Fenchel, Gurken, Knoblauch, Kohlrabi, Kopfsalat, Lauch, frischer Mais, Mangold, Melonen, Möhren, Paprikaschoten, Pastinaken, Peperoni, Radieschen, Rettich, Rote Bete, Rosenkohl, Rotkohl, Sauerkraut, Sellerie, Spargel, Spinat, rohe Tomaten, Grünkohl, Schwarzwurzel, Topinambur, Weißkohl, Wirsing, Zucchini, Zwiebeln

- ***PILZE:*** Austernpilze, Champignons, Pfifferlinge, Steinpilze oder andere Waldpilze

- ***SPROSSEN UND KEIME:*** Mungobohnenkeimlinge, Alfalfa, Radieschensprossen oder andere Keimlinge

- ***SONSTIGES:*** Sojaprodukte, Sojacreme, Tofu, Lupine, Rosinen, Heidelbeeren, Oliven, Hefe, Gemüsebrühe, Eigelb, Gelatine, Agar-Agar, Bindobin, Konjak-Nudeln, Kräuter, Gewürze, Senf, Kräutertees, Stevia

Schlank, fit und gesund mit Genuss

Gewicht verlieren und dauerhaft halten – und das ganz ohne Kalorienzählen, ohne Heißhungerattacken und dafür mit viel Genuss und Freude beim Essen? Ja, das klappt!

Trennkost ist keine Diät, sondern eine dauerhafte Ernährungsform. Regelmäßige, ausgewogene Mahlzeiten kombiniert mit reichlich Bewegung sind die Basis, kleine genussvolle Naschereien sind erlaubt. Wie der Speiseplan an einem optimalen Tag zusammengesetzt ist, wie Sie Ihre süße Lust befriedigen und was generell zum Schlanksein nötig ist, erfahren Sie in diesem Kapitel.

* * *

Ein perfekter Tag

Der Start in den Tag: Nehmen Sie sich zum Frühstück etwas Zeit. Wählen Sie nach Belieben unter einem Obstfrühstück, einem Milchmixgetränk, einem Müsli, einem belegten Brot oder einem Eiergericht aus. Kaffee oder schwarzer Tee sind zwar Säurebildner, haben aber auch ihre positiven Seiten. So sollen Koffein und Tein, in Maßen genossen, eine stimulierende Wirkung auf das zentrale Nervensystem ausüben. Um die Säure etwas zu mildern, empfiehlt Howard Hay, diese Getränke mit etwas Kaffeesahne zu mildern. Zum Süßen eignen sich sehr gut Steviaprodukte.

Pausensnacks: Kleine vitamin- und mineralstoffreiche Zwischenmahlzeiten am Vor- bzw. Nachmittag wirken Wunder und überwinden natürliche Leistungstiefs. Bestens geeignet sind frisches Obst, Gemüse-Rohkost oder Milchprodukte. Ist der Hunger größer, können Sie auch eine Scheibe Brot oder Brötchen mit Butter und passendem Belag essen.

Mittag- und Abendessen: Mittags und abends wählen Sie beliebig unter einer Eiweiß- oder einer Kohlenhydratmahlzeit. Egal, ob Sie nun eine Eiweiß- oder Kohlenhydratmahlzeit bevorzugen: Wichtig ist vor allem, dass Sie vor oder zu der Mahlzeit einen Teller Salat, Rohkost oder warmes Gemüse essen. Der ideale Mix: 1 Teil Eiweiß oder Kohlenhydrate, dazu 3 bis 4 Teile Gemüse oder Salat. Anhand des farbigen Kombiplans (Seite 18) können Sie auf einen Blick erkennen, welche Nahrungsmittel zu den Eiweißen (immer blau markiert) und welche zu den Kohlenhydraten (immer orange markiert) gehören. Lebensmittel aus der neutralen Gruppe sind grün gekennzeichnet.

Empfehlenswerte Esspausen zwischen den Mahlzeiten:

- Nach dem Frühstück (ca. 8.00 Uhr) 2 bis 3 Stunden
- Nach dem Vormittagssnack (ca. 11.00 Uhr) 1½ Stunden

- Nach dem Mittagessen (ca. 12.30 Uhr) 3 bis 4 Stunden
- Nach dem Nachmittagssnack (ca. 16.00 Uhr) 2 Stunden
- Nach dem Abendessen (ca. 18.00 bis 20.00 Uhr) sollte die Nahrungsaufnahme abgeschlossen sein.
- Betrachten Sie diese Zeitangaben nur als Anregung und finden Sie Ihren eigenen Essrhythmus.

Was ist besser: Kohlenhydrate oder Eiweiß am Abend?
Die am häufigsten gestellte Frage zur Trennkost lautet: Ist abends eine Kohlenhydrat- oder eine Eiweißmahlzeit bekömmlicher? Dr. Howard Hay empfahl, vor dem Schlafengehen eher kohlenhydrathaltige Gerichte zu bevorzugen und auf schwer verdauliche Eiweißgerichte zu verzichten, da diese ansonsten zu lange im Magen und Darm verweilen würden. Durch Wärme und Feuchtigkeit käme es nach der Mahlzeit schnell zu einer Gärungs- und Fäulnisbildung, welche sich negativ auf die Verdauung und das Säure-Basen-Gleichgewicht auswirken könnte. Gesünder und bekömmlicher am Abend wäre ein leichter Kohlenhydratimbiss. Dieser fördert das »Schlafhormon« Melatonin, erleichtert so das Einschlafen und sorgt für einen erholsamen Schlaf. Neuere Abnehmmethoden empfehlen, zur Gewichtsabnahme am Abend auf Kohlenhydrate zu verzichten, damit über Nacht die Fettreserven angegriffen werden. Im Hinblick auf Blutzucker- und Insulinspiegel ergibt dies sicher einen Sinn. Dennoch machte ich in meinen Trennkost-Seminaren die Erfahrung, dass Kohlenhydrate, am Abend gegessen, ebenfalls zur Gewichtsabnahme führen. Entscheiden Sie also selbst nach individueller Verträglichkeit und Geschmack.

Meine eigene Erfahrung

Früher war ich wirklich ein verbissener Trennkostfanatiker. Bitte entwickeln Sie sich nicht in diese Richtung, sondern sehen Sie die Trennkost als einen roten Faden, der Sie durchs Leben begleitet. Es gibt immer wieder Situationen, in denen man es etwas lockerer angehen sollte. Etwa, wenn ein Gastgeber mit viel Mühe und Liebe ein köstliches Essen gezaubert hat und Sie sortierten trennkostgerecht die Zutaten nach Eiweiß und Kohlenhydraten am Tellerrand aus. Eine weitere Einladung hätte sich damit erledigt. Genauso unangebracht ist es, den Besserwisser oder Prediger zu spielen. Wägen Sie ab: Wenn Interesse besteht, können Sie ja von den Vorzügen der Trennkost berichten, wenn nicht, dann ist es besser, sich nicht aufzudrängen. Eine Ernährungsumstellung darf nicht erzwungen werden, sondern soll zufriedener machen. Heute sehe ich alles viel lockerer und komme damit bestens zurecht.

* * *

Abnehmen mit Trennkost – wie es funktioniert

Die Erklärung, warum wir mit Trennkost auf schonende Weise Gewicht verlieren, liegt klar auf der Hand: Neben dem Säure-Basen-Gleichgewicht ist besonders das Trennungsprinzip ausschlaggebend. Zu dieser Erkenntnis kamen verschiedene Ärzte und Wissenschaftler, darunter Dr. med. Martin Noelke und die australischen Forscherinnen Susanne H. A. Holt und Janet C. Brand Miller von der University of Sydney.

Im Laufe umfangreicher Untersuchungen entdeckten sie, dass gemischte Speisen häufig den Blutzuckerspiegel unnötig erhöhen. Die Folge: Bei der Ernährung mit Mischkost wird im Verlauf des Verdauungsprozesses die Bauchspeicheldrüse oftmals im Übermaß zu vermehrter Insulinproduktion angeregt. Insulin bewirkt eine rasche Senkung des Blutzuckerspiegels, indem es die Zuckerstoffe aus dem Blut in die Körperzellen schleust. Die Konsequenz der raschen Blutzuckersenkung ist, dass die Nerven und das Gehirn unter einer Glukose-Unterversorgung leiden und nun unerbittlich das Signal »Hunger« senden. Ein Teufelskreis beginnt. Insulin wird auch als Masthormon bezeichnet, es ist die Schlüsselsubstanz für die Neubildung von Körperfett. So sind nicht immer nur Nahrungsfett und Kalorien die Feinde übergewichtiger Menschen, sondern auch die unwissentlich selbst herbeigeführte Insulinüberproduktion.

Die gute Nachricht: Bei der Ernährung mit Trennkost wird der Blutzuckerspiegel nicht unnötig erhöht. Dementsprechend gering ist auch die Insulinentwicklung und infolgedessen auch die Fettgewebsneubildung. Der Gegenspieler des Insulins, das Glukagon, kann wirken: Es aktiviert wichtige Enzyme zum Öffnen der Fettzellen. Somit eignet sich Trennkost ideal zum Abnehmen.

Allgemeine Tipps zum Schlankwerden:

- Ein guter Verbündeter bei der Gewichtsabnahme ist der Mineralstoff Kalium. Dieses natürliche »Schlankheitsmittel« reguliert den Wasserhaushalt im Körper, da es für den osmotischen Druck in der Zelle verantwortlich ist. Kalium wirkt wie ein Katalysator, der überflüssiges Gewebswasser aus den Zellen absaugt und es über die Nieren abführt. Besonders reich an Kalium sind getrocknete Aprikosen, grünes Blattgemüse, Salate, Kohl und Rüben, Sauerkraut, Kartoffeln, Pilze, Nüsse, Obst sowie Fisch und Fleisch.
- Der Erfolg beim Abnehmen ist auch von der Trinkmenge abhängig. Zwei bis drei Liter Flüssigkeit täglich wären ideal, wobei auch die Wassermengen von Suppen, Salaten, Gemüse und Obst mit einberechnet werden können.
- Fertiggerichte und Fast Food sind zur Gewichtsabnahme ungeeignet. Die in ihnen enthaltenen geschmacksverstärkenden Zusatzstoffe manipulieren den Speichelfluss und lassen buchstäblich das Wasser im Mund zusammenlaufen – so dass wir einfach immer weiter essen, ohne dabei richtig satt zu werden.

TIPP

Kein doppeltes Kochen

Für Familienmitglieder, die nicht nach den Regeln der Trennkost essen möchten, ist ein Mehraufwand beim Kochen nicht erforderlich. Ergänzen Sie einfach eine eiweißhaltige Mahlzeit mit Kartoffeln, Reis, Nudeln oder Brot und, im umgekehrten Fall, eine Kohlenhydratmahlzeit mit Fleisch, Fisch oder Eiern. So können Sie ohne Mühe fast jede Trennkostmahlzeit in »Normalkost« zurückverwandeln.

Wer fit sein will, muss sich bewegen!

Tatsache ist: Menschen, die Sport betreiben, verfügen über eine bessere körperliche und geistige Kondition als jene, die den ganzen Tag sitzen oder wegen des Alters oder einer Krankheit sich nicht mehr richtig bewegen können. Achten Sie daher auf ausreichend Bewegung – sie bringt Ihren Stoffwechsel in Schwung, macht den Körper gelenkiger und hilft bei der Verbrennung überflüssiger Pfunde. Alltagsbewegung ist ganz einfach umsetzbar: Gehen Sie täglich eine Runde spazieren, steigen Sie Treppen statt mit dem Aufzug zu fahren, lassen Sie bei kurzen Entfernungen das Auto stehen und fahren Sie mit dem Fahrrad oder gehen Sie zu Fuß.

Und vergessen Sie nicht: Bewegung macht auch glücklich! Dies verdanken wir den Endorphinen, den sogenannten Glückshormonen, die während des Sports ausgeschüttet werden. Sie sorgen für gute Laune und Zufriedenheit. Wenn Sie Spaß an der körperlichen Aktivität haben, profitieren Sie auf lange Sicht davon. Schon eine halbe Stunde tägliches Training macht Sie fit und leistungsfähiger. Mit der Zeit spüren Sie mehr Selbstsicherheit, wobei sich auch seelische Verkrampfungen lösen können.

Bewegungsprogramme und Sportarten wie etwa Tanzen, Pilates, Nordic Walking, Schwimmen oder Fahrradfahren sind bestens geeignet für ein gemäßigtes Ausdauertraining. Finden Sie für sich selbst ein geeignetes Fitnessprogramm, das Ihnen Freude macht und zum Durchhalten animiert. Dies dürfte bei der riesigen Auswahl an Sport-Angeboten nicht allzu schwer sein.

* * *

Tipps für süße Naschkatzen

Wenn Sie sich mit Trennkost ernähren, müssen Sie keinesfalls auf süße Leckereien und fruchtige Desserts verzichten. Doch eine Frage bleibt offen: Wie süßt man ein Himbeersorbet kalorienarm und ohne den Blutzuckerspiegel unnötig zu erhöhen? Gibt es hier außer Süßstoffen noch Alternativen? Ja, die gibt es. Zum Süßen bieten sich Honig, Agavendicksaft, Obstdicksäfte, Ahornsirup und Stevia an.

Meine eigene Erfahrung

Meine persönliche »Schlank-Strategie« besteht darin, mich nicht mehr vom Hunger überraschen zu lassen. Inzwischen kenne ich meinen Körper ziemlich gut und muss nicht mehr wie früher aufgrund von Heißhunger unerwartet und hektisch nach Essbarem suchen. Das aber geht nur mit einer guten Portion Planung und Organisation. Aus diesem Grund habe ich immer einen kleinen gesunden Snack im Kühlschrank und wenn ich länger unterwegs bin, befinden sich in meiner Tasche immer Nüsse und Rosinen oder eine Banane. Natürlich kommt auch bei mir manchmal etwas dazwischen, das ist ganz normal. Aber bedingt durch meine gute Vorbereitung esse ich nicht mehr mit dieser unbändigen Gier, als stünde ich kurz vor dem Hungertod.

Honig hat zwar fast ebenso viele Kalorien wie Zucker, er macht jedoch nicht süchtig. Nach zwei bis drei Esslöffeln dieser natürlichen Süße reagiert der Gaumen mit Überdruss. Ganz anders bei Zucker. Hier kann jede Menge, in Form von Schokolade oder Pralinen, verzehrt werden, ohne dass ein Gefühl von »genug« signalisiert wird. Agavendicksaft, Ahornsirup oder Obstdicksäfte süßen stärker als weißer Haushaltszucker und sind somit sparsamer im Gebrauch. Alle diese Süßungsmittel gehören in die Kohlenhydratgruppe, können dennoch in kleinen Mengen zum Süßen von Eiweißgerichten und Obst verwendet werden.

Eine weitere Lösung heißt Stevia. Dies ist ein gesundheitlich völlig unbedenkliches Süßungsmittel, von dem immer mehr figurbewusste Menschen überzeugt sind.

Stevia hat eine enorme Süßkraft, und das ohne Kohlenhydrate und Kalorien. Stevia gibt es flüssig (Stevia Fluid), als Pulver (Stevia GrooVia) und in Form getrockneter Blätter. Es ist sehr hitzebeständig und kann vielfältig zum Kochen und Backen verwendet werden. Doch Stevia ist nicht gleich Stevia. Ein Discount-Produkt kann z.B. zusätzlich konventionelle Süßstoffe und Zucker (Maltodextrine) enthalten und so je nach Zusammensetzung einen unerwünschten bitteren Beigeschmack haben. Dies hat zur Folge, dass viele Menschen beim ersten Gebrauch von diesem Geschmack enttäuscht sind und kein weiteres Mal diese wertvolle Süße ausprobieren werden.

Hochwertige Stevia-Produkte mit gutem Geschmack haben ihren Preis. Da man aber nur geringe Mengen braucht, lohnt sich der Kauf allemal.

Achten Sie beim Bezug auf Qualität und Reinheit. Empfehlenswert ist der Kauf über www.medherbs.de.

Mengenplan

Mithilfe dieses Plans brauchen Sie keine Kalorien mehr zu zählen. Hier sehen Sie, welche Mengen für die Kategorien Frühstück, Hauptgericht oder Snack für eine Person angemessen sind. Einfach und schnell, ohne auf irgendetwas verzichten zu müssen, erreichen Sie so Ihr Wohlfühlgewicht.

WICHTIG Trinken Sie jede Stunde 1 Glas Wasser.

Snacks

- 200 g frisches Obst der Saison
- Rohkost in beliebiger Menge
- 100 g Obst, dazu 125 ml Milch
- 200 g angesäuerte Milchprodukte, wie z. B. Kefir, Buttermilch, Trinksauermilch, Joghurt

Frühstück

Sie haben die Wahl zwischen einem Obstfrühstück, einem eiweißreichen und einem kohlenhydratreichen Frühstück.

Obst-Frühstück

- Frisches Obst der Saison in beliebiger Menge. (Diabetiker sollten die Menge auf 200 g beschränken.) Beispiele: Ananas, Erdbeeren, Himbeeren, Brombeeren, Äpfel, Birnen, Pfirsiche, Aprikosen, Kiwi, Kirschen, Mirabellen, Nektarinen (siehe auch Kombiplan).

HINWEIS Mischen Sie fruchtsäurehaltige Obstsorten nicht mit Bananen, Feigen oder Datteln.

Eiweißreiches Frühstück

- 2 Eier in jeder Form und Zubereitungsart: gefüllte oder gekochte Eier, Omelette, pochierte Eier, Rühr- oder Spiegeleier.
- Dazu in beliebiger Menge: Tomaten, Gurken, Paprikaschoten, Radieschen oder ein anderes Gemüse.

HINWEIS Essen Sie kein Brot zum Ei.

KH Kohlenhydratreiches Frühstück

- 1 Scheibe Vollkornbrot (50 g) oder
- 1 Vollkornbrötchen oder
- 3 Scheiben Vollkornknäckebrot

Brot dünn mit Butter bestreichen und mit Folgendem belegen bzw. bestreichen:

- 30 g Wurst (ca. 3 dünne Scheiben) oder
- 30 g Käse (ca. 1 Scheibe) oder
- 50 g Quark (ca. 2 EL)

Dazu in beliebiger Menge: Tomaten, Gurken, Paprikaschoten, Radieschen oder ein anderes Gemüse.

HINWEIS Da es keine hundertprozentige Trennung der Nahrungsmittel gibt, können Sie das Brot mit 30 g Wurst oder Käse nach Wahl belegen. Weitere Ideen für Brotbelag finden Sie im Kombiplan oder im Rezeptteil.

- Müsli

HINWEIS Getreideflocken oder Müslis nicht mit fruchtsäurehaltigen Obstsorten kombinieren. Auch keine Milch verwenden, da diese in Verbindung mit Kohlenhydraten noch schwerer verdaulich wird. Harmonischer werden Müslis mit kohlenhydratreichen Obstsorten und mit gesäuerten Milchprodukten oder mit einem Sahne-Wasser-Gemisch (⅓ Sahne auf ⅔ Wasser) oder Reismilch. Wenn Sie auf Ihren Kaffee oder schwarzen Tee nicht verzichten möchten, verfeinern Sie diesen mit etwas Sahne. Zum Süßen bietet sich Stevia flüssig an.

WICHTIG Kauen Sie jeden Bissen sorgfältig.

Mittag- & Abendessen

Sie haben jeweils die Wahl zwischen einer überwiegend eiweiß- oder kohlenhydratreichen Mahlzeit.

E Eiweißreiches Hauptgericht

- 150–200 g Fleisch oder
- 150–200 g Fisch oder
- 2 Eier oder
- 60 g Käse oder
- 100 g gegarte Wurstsorten

Essen Sie dazu 400 g Gemüse oder Salat.

KH Kohlenhydratreiches Hauptgericht

- 50 g Getreide (roh gewogen) oder
- 60 g Naturreis (roh gewogen) oder
- 80 g Vollkornnudeln (roh gewogen) oder
- 200 g Kartoffeln

Essen Sie dazu 400 g Gemüse oder Salat. Bedienen Sie sich zusätzlich des Kombi-Plans. Wählen Sie aus der Kombi-Gruppe Teil 1 (sparsam) und aus der Kombi-Gruppe Teil 2 (reichlich) aus, was Sie mögen.

HINWEIS Hilfreich sind folgende Regeln:

- Bei einer Eiweißmahlzeit wählen Sie 1 Teil Fleisch, Fisch, Wurst, Käse oder Eier, dazu 3 bis 4 Teile Gemüse oder Salate.
- Bei einer Kohlenhydratmahlzeit wählen Sie 1 Teil Kartoffeln, Naturreis, Getreide oder Nudeln, dazu 3 bis 4 Teile Gemüse oder Salate.

Gesunde Ernährung trotz Zeitnot

Nach einem arbeitsreichen Tag fehlt uns oft die Lust für zeitraubendes Kochen. Da sind hilfreiche Zeitspartipps und gute Vorschläge für schnelle Rezepte genau das Richtige.

In der heutigen Zeit herrscht bei vielen von uns oft Hektik und Stress. Wenn dann noch Hunger dazukommt, ist der schnelle Griff zum Kühlschrank unausweichlich. Ein Stück Wurst oder eine Scheibe Käse kommen dann gerade recht. Damit es besser rutscht, noch einen Schluck Kaffee oder Limonade dazu, und schon ist die Mahlzeit beendet. Und weiter geht's – der nächste Termin wartet schon.

Wer immer so verantwortungslos mit seinem Körper umgeht, tut sich nichts Gutes, denn jede Mahlzeit ist wichtig für unseren Organismus und sollte unserem Körper wertvolle Nährstoffe zuführen. Unbewusst wissen wir das, doch oft lässt Bequemlichkeit unseren Willen schwach werden und der immer wiederkehrende gute Vorsatz, in Zukunft mehr auf eine gesunde Ernährung zu achten, ist bald wieder vergessen.

Doch seien Sie unbesorgt: Natürlich ist es nicht verboten, sich schnell mal ein Stück Wurst oder Käse abzuschneiden und in den Mund zu schieben. Die Betonung liegt auf »immer«. Wer sich generell von der Hand in den Mund, dazu noch in Eile, ernährt, riskiert auf Dauer gesundheitliche Probleme.

Was kann man also tun? Treffen Sie einfach Vorkehrungen gegen allzu ungesunde Versuchungen. Machen Sie aus diesen kleinen berühmten ungünstigen Snacks eine vollwertige Mahlzeit, indem Sie einfach Tomaten, Gurken oder etwas Obst dazu essen.

Unsere Ernährung ist die Grundlage und zugleich die tragende Säule unserer Gesundheit. In unserer schnelllebigen Zeit ist es wichtiger denn je, vitamin- und mineralstoffreich zu essen. Darum sollte die tägliche Lebensmittelauswahl immer aus vollwertigen Nahrungsmitteln bestehen: aus frischen Salaten, Rohkost, Gemüse, Obst, Kartoffeln, Vollkornerzeugnissen, Samen, Nüssen, Kernen, Keimlingen, kalt gepressten Ölen, Milchprodukten, magerem Fleisch oder Fisch.

Die Rezepte in diesem Buch berücksichtigen diese Empfehlungen und bringen Abwechslung in Ihren Trennkost-Speiseplan, ohne dass Sie stundenlang in der Küche stehen müssen.

Verschiedene Gerichte eignen sich auch prima zum Mitnehmen an den Arbeitsplatz. Morgens kurz erhitzt und in eine Thermobox gefüllt, bleiben Suppen und Eintöpfe bis zur Mittagspause heiß. Auch Salate, die eine gewisse Zeit ziehen müssen, lassen sich gut in verschließbaren Behältern transportieren.

* * *

> Unsere Ernährung ist die Grundlage und zugleich die **tragende Säule** unserer Gesundheit.

Praktische Zeitspartipps

Wahl der Zubereitungszeit: Eine gute Planung ist nicht nur im Berufsleben von größtem Wert – auch die private Haushaltsplanung erleichtert den Alltag ungemein. Um Ihnen hier behilflich zu sein, habe ich Ihnen für Ihre Zeitplanung beim Kochen die Rezepte nach einem klaren Rhythmus eingeteilt. Sie können nun nach diesen Vorschlägen selbst entscheiden, wie viel Zeit Sie in die Zubereitung Ihrer Mahlzeit investieren möchten – ob das Essen in 5, 15, 30 oder 45 Minuten Kochzeit fertig sein soll oder die gesamte Zubereitung auch eine Stunde oder länger dauern darf. Dann wählen Sie innerhalb dieser Zeitschiene ein Gericht nach Ihrem Geschmack aus. Die angegebenen Kochzeiten wurden natürlich praktisch erprobt, doch bedenken Sie beim Nachkochen, dass es auch auf Ihre Übung und die Ausstattung Ihrer Küche ankommt.

Zeitsparende Küchengeräte: Zum Pürieren von gekochtem Gemüse hat sich ein elektrischer Schneidstab mit viel Power bewährt. Zum Raspeln nehmen Sie am besten einen bewährten Gemüsehobel. Zum Würfeln und Zerkleinern von Tomaten, Zwiebeln, Gurken, Kartoffeln, Äpfeln und anderen Gemüse- und Obstsorten ist es am zeitsparendsten, wenn Sie einen Zerhacker, ein scharfes Messer oder eine elektrische Küchenmaschine benutzen.

Praktische Frischhalteboxen: Nicht jedes Gemüse oder jeder Salat muss aufwendig geraspelt oder klein geschnitten werden. Sorten wie Paprika, Kohlrabi, Möhren, Gurken, Radieschen, Fenchel, Tomaten, Brokkoli oder Champignons brauchen nur gewaschen, geputzt und grob gestückelt zu werden. Das Gemüse hält sich anschließend in einer Frischhaltebox im Kühlschrank ein bis zwei Tage frisch und Sie können sich so portionsweise bedienen.

Kochen auf Vorrat: Viel Zeit sparen Sie, wenn Sie mehr kochen, als Sie für eine Mahlzeit benötigen. Dies klappt besonders gut bei Kartoffeln, Nudeln und Reis. So lassen sich Kartoffeln, mit der Schale gegart, anschließend in verschiedenen Variationen zubereiten. Zum Beispiel als Pellkartoffeln mit Matjes in Zwiebel-Apfel-Sauce oder als bunter Kartoffelsalat. Auch Nudeln können am Folgetag ganz einfach in wenig Butter geröstet oder kalt zu einem Nudelsalat verarbeitet werden. Bestens geeignet für die doppelte Verwendung ist Reis. Reis ist darum so beliebt, weil man ihn in sehr vielen verschiedenen Geschmacksvarianten zubereiten kann. Er schmeckt warm ebenso gut wie kalt und lässt sich sowohl süß als auch pikant zubereiten. Hirse oder Dinkel lassen sich ähnlich wie Reis behandeln und schmecken in einer süßen wie auch in einer deftigen Variante.

Gemüse – immer ein Genuss: Planen Sie bei der Zubereitung von Gemüse schon gleich für die nächste Mahlzeit mit. Speziell gedünstetes Gemüse eignet sich für warme und für kalte Gerichte. Zum Beispiel Blumenkohl: Ihn können Sie frisch gekocht mit Sauce servieren, dann den Rest am nächsten Tag essen, abgewandelt zu einem Blumenkohlsalat, einer Suppe oder einem Auflauf. Genauso können Sie mit grünen Bohnen, Brokkoli, Möhren oder mit Spargel verfahren. Mit dem Pürierstab lassen sich aus übrig gebliebenem Gemüse und Kartoffeln, zusammen mit Gemüsebrühe und etwas saurer Sahne, schnell

Ob orange oder violett – Möhren sind immer lecker

schmackhafte Suppen zubereiten.

Fleisch einfach einfrieren: Auch Fleischgerichte lassen sich sehr gut auf Vorrat zubereiten. Kochen Sie Gulasch, Braten oder Rouladen in doppelter Menge und frieren Sie die restlichen Portionen ein. Sie können so jederzeit auf eine kleine Palette von gesunden, fertigen Speisen zurückgreifen.

Kochen nach Rezept: Die Zubereitung der Speisen gelingt Ihnen leichter, wenn Sie sich beim »Kochen nach Anleitung« im Vorfeld das gesamte Rezept sorgfältig durchlesen. Stellen Sie anschließend alle Zutaten griffbereit zusammen. Achten Sie auf beste Qualität der Ware, denn dies ist maßgebend für ein gutes Gelingen.

Immer Vorräte im Haus haben: Damit Sie die Trennkost-Rezepte problemlos nachkochen können, sollten Sie sich nach und nach einen kleinen Vorrat an lagerfähigen Nahrungsmitteln zulegen. Dazu gehören Kartoffeln, Naturreis, Nudeln ohne Ei, Getreide, Gewürze und ein gutes Öl. Ebenso wichtig für die schnelle Zubereitung leckerer Mahlzeiten sind Joghurt, Quark, Sahne, Eier und eventuell Käse zum Überbacken.

Tiefkühlkost spart Zeit: Besonders bequem wird das Kochen durch Tiefkühlkost. Im Handel sind mittlerweile fast alle Gemüsesorten erhältlich, von Blumenkohl über Rotkohl bis hin zu Zucchini – fix und fertig geputzt und zerkleinert oder auch praktisch in kleine Päckchen portioniert. Wählen Sie hier die naturbelassenen Produkte aus, möglichst ohne die darin befindlichen Rahmsaucen. Ebenso gut für eine schnelle Zubereitung geeignet ist eine Auswahl an verschiedenen tiefgefrorenen Kräutern, Suppengrün, Knoblauch und Zwiebeln. Tiefgekühlt stehen auch zahlreiche Obstsorten wie Erdbeeren, Himbeeren, Kirschen oder Heidelbeeren das ganze Jahr über für köstliche Desserts zur Verfügung. Natürlich ist frisches Obst und Gemüse dem gefrorenen Gemüse aus dem Gefrierschrank immer vorzuziehen, doch Tiefkühlprodukte kommen, was die Wertigkeit der Nährstoffe, z.B. den Vitamingehalt betrifft, gleich hinter den frischen Sorten.

» *Es ist gar keine Hexerei, gesunde Leckereien in wenigen Minuten auf den Tisch zu zaubern. Wichtig sind lediglich die Planung und der feste Wille!*

TRENN KOST
Zeitlose
Rezepte
zeitgenau
zubereiten

Amerikanisches Schinken-Käse-Sandwich

KH

Für 2 Personen ► gelingt leicht
5 Min.

2 grüne Salatblätter
1 große Tomate
4 Scheiben roher Rinderschinken
4 mittelgroße Scheiben Brot
4 TL Senf
4 EL Joghurt
2 Scheiben Emmentaler Käse

➤ Die Salatblätter waschen und gut trockenschütteln. Die Tomate waschen, vom Stielansatz befreien und in Scheiben schneiden. Den Schinken in feine Streifen schneiden. ➤ Die Brote mit dem Senf und Joghurt bestreichen. 2 Brote mit je einem Salatblatt und einer Tomatenscheibe belegen. Die Schinkenstreifen und den Käse obenauf legen. ➤ Die beiden restlichen Brote daraufsetzen und zusammen mit den übrigen Tomatenscheiben servieren.

Flotte Kleinigkeiten – in **5 Minuten** fertig

Rosinen-Haselnuss-Joghurt

N

Für 2 Personen ► gelingt leicht
5 Min.

2 EL Rosinen
2 EL Haselnüsse
2 EL Sonnenblumenkerne
250 g griechischer Joghurt
einige Tropfen Stevia flüssig oder
2 TL flüssiger Honig
1 TL Zimt

Die Rosinen waschen und gut abtropfen lassen. Die Haselnüsse grob hacken. Rosinen, Haselnüsse und Sonnenblumenkerne mit dem Joghurt mischen. Alles mit Stevia bzw. Honig süßen und in Dessertschälchen geben. Mit dem Zimt bestreut servieren.

Bananenscheiben mit Hüttenkäse

KH

Für 2 Personen ► preisgünstig
5 Min.

2 Bananen
200 g körniger Frischkäse
(Hüttenkäse)
etwas Zimtpulver
8 Haselnüsse

Die Bananen schälen und in Scheiben schneiden. Die Bananenscheiben zusammen mit dem körnigen Frischkäse auf 2 Tellern anrichten und mit dem Zimt bestäuben. Mit den Nüssen garniert servieren.

Bananenbrot mit Mandelblättchen

KH

Für 2 Personen ► gelingt leicht
5 Min.

2 Scheiben Vollkornbrot
1 EL saure Sahne
2 EL Mandelblättchen
2 Bananen
etwas Zimtpulver

Die Brotscheiben toasten, mit der sauren Sahne dünn bestreichen und mit den Mandelblättchen bestreuen. Die Banane schälen, in Scheiben schneiden und auf den Broten verteilen. Mit dem Zimt bestreut servieren.

Getreideflocken-müsli mit Nüssen und Rosinen

KH

Für 2 Personen ► gelingt leicht
5 Min.

3 EL Rosinen
250 g Joghurt
5 EL Mineralwasser
½ TL Kardamom
einige Tropfen Stevia flüssig oder
2 EL flüssiger Honig
8 EL Getreide- oder Haferflocken
2 EL Sonnenblumenkerne
1 TL Zimt

Die Rosinen heiß abspülen und abtropfen lassen. Den Joghurt mit dem Mineralwasser cremig verrühren, mit dem Kardamom würzen und mit Stevia bzw. Honig süßen. Die Getreideflocken mit dem Joghurt mischen. Die Rosinen und Sonnenblumenkerne unterrühren und das Müsli mit dem Zimt bestäuben.

TIPP Wenn Sie Wert auf unverarbeitete Lebensmittel legen, dann lohnt sich die Anschaffung eines Getreideflockers. Im Naturwarenhandel gibt es ein großes Angebot an Flockern, mit dem Sie Ihre frischen Dinkel- oder Haferflocken schnell selber machen können.

Mandarinen-Ingwer-Joghurt

E

Für 2 Personen ► gut vorzubereiten
5 Min.

2 Mandarinen
1 kleines Stück Ingwer
250 g griechischer Joghurt
1 EL flüssiger Honig oder
einige Tropfen Stevia flüssig

Die Mandarinen schälen und in Spalten teilen. Den Ingwer schälen und fein hacken. Mandarinen und Ingwer mit dem Joghurt mischen. Alles mit dem Honig bzw. Stevia süßen. In Dessertschälchen servieren.

Bunte Käse-Schnittlauch-Brote

KH

Für 2 Personen ► preisgünstig
5 Min.

2 Scheiben Vollkornbrot
2 EL Frischkäse
100 g Camembert
1 Tomate
1 Bund Schnittlauch

Die Brote mit dem Frischkäse dünn bestreichen. Den Käse in Scheiben schneiden. Die Tomate waschen, vom Stielansatz befreien und in dünne Scheiben schneiden. Den Schnittlauch waschen, trockenschütteln und in kleine Röllchen schneiden. Die Brote mit dem Käse und Tomatenscheiben belegen und dick mit Schnittlauch bestreuen.

Fruchtiger Erdbeer-Molke-Drink

E

Für 2 Personen ► gelingt leicht
5 Min.

100 g Erdbeeren (frisch oder TK)
350 ml Molke
1 EL flüssiger Honig oder
einige Tropfen Stevia flüssig
4 Minzeblättchen

Die Erdbeeren waschen und putzen. Tiefgekühlte Früchte leicht antauen lassen. Die Beeren zusammen mit der Molke und Stevia bzw. Honig im Mixer oder mit dem Schneidstab kräftig pürieren. Mit den Minzeblättchen garniert servieren.

Power-Bananen-Drink

KH

Für 2 Personen ► gelingt leicht
5 Min.

2 Bananen
350 g Buttermilch
2 TL Honig
etwas Zimtpulver

Die Bananen schälen und in grobe Stücke schneiden. Die Bananenstücke zusammen mit der Buttermilch und dem Honig mit dem Schneidstab kräftig pürieren. In Gläser füllen und mit dem Zimt bestreut servieren.

Aufgeschäumte Heidelbeermilch

E

Für 2 Personen ► gelingt leicht
5 Min.

150 g Heidelbeeren
(frisch oder TK)
400 ml frische Milch
einige Tropfen Stevia flüssig oder
1 EL flüssiger Honig
etwas Zimtpulver

Heidelbeeren waschen, verlesen und abtropfen lassen. Tiefgekühlte Früchte leicht antauen lassen. Die Beeren mit der Hälfte der Milch mischen, mit Stevia bzw. Honig süßen und alles mit dem Schneidstab pürieren. Die Heidelbeermilch in Gläser füllen. Die restliche Milch mit einem Milchschäumer aufschäumen oder mit dem Schneidstab mixen. Den Milchschaum auf die Heidelbeermilch geben und leicht unterrühren. Mit dem Zimt bestreuen und sofort servieren.

Aufgeschäumte Heidelbeermilch

Quattro Stagioni
MADE IN ITALY

Apfel-Salami-Knäcke mit Hüttenkäse

KH

Für 2 Personen ► gelingt leicht
5 Min.

1 großer mürber Apfel
4 Scheiben Vollkornknäckebrot
2 EL Butter
8 dünne Scheiben Rindersalami
200 g Hüttenkäse

► Den Apfel waschen, vierteln und entkernen. Ein Apfelviertel in dünne Scheiben schneiden. ► Die Knäckebrote dünn mit der Butter bestreichen. Mit den Salami- und den Apfelscheiben belegen. Zusammen mit den restlichen Apfelvierteln und dem Hüttenkäse servieren.

Forellenfilet auf Pumpernickel

KH

Für 2 Personen ► gelingt leicht
5 Min.

2 geräucherte Forellenfilets
1 kleine Salatgurke
Meersalz
10 Pumpernickeltaler
5 TL Meerrettich aus dem Glas
2 Zweige Dill

► Die Forellenfilets in 10 Stücke schneiden. Die Gurke schälen. 10 dünne Scheiben davon abschneiden, den Rest in 1 cm dicke Scheiben schneiden und leicht salzen. ► Die Pumpernickeltaler mit dem Meerrettich bestreichen und mit den dünnen Gurkenscheiben belegen. ► Die Forellenstücke daraufgeben und mit dem Dill garnieren. Zusammen mit den restlichen Gurkenscheiben servieren.

Sauerkraut-Burger mit Rinderschinken

KH

Für 2 Personen ► gelingt leicht
5 Min.

2 Vollkornbrötchen
1 mürber Apfel
2 EL Quark (20 % Fett i.Tr.)
4 Scheiben roher Rinderschinken
100 g rohes Sauerkraut

► Die Brötchen halbieren und kurz toasten. Den Apfel waschen, vierteln, das Kerngehäuse herausschneiden und die Apfelviertel in dünne Spalten schneiden. ► Die Brötchenhälften dünn mit dem Quark bestreichen und mit dem Schinken, einigen Apfelspalten und dem Sauerkraut belegen. Die oberen Brötchenhälften darauflegen. Zusammen mit den restlichen Apfelspalten servieren.

Roastbeef-Röllchen mit Paprika

E

Für 2 Personen ► gelingt leicht
5 Min.

1 rote Paprikaschote
6 EL Quark (20 % Fett i.Tr.)
2 TL Meerrettich aus dem Glas
Pfeffer
Meersalz
8 Roastbeefscheiben

► Die Paprikaschote putzen, waschen und in breite Streifen schneiden. ► Den Quark mit dem Meerrettich verrühren, mit Pfeffer und Salz würzen. Den Meerrettichquark gleichmäßig auf den Roastbeefscheiben verteilen, je einen Paprikastreifen darauflegen und zusammenrollen. ► Mit den restlichen Paprikastreifen zusammen servieren.

Heiße Tasse mit Ei

E

Für 2 Personen ► preisgünstig
5 Min.

400 ml Gemüsebrühe
1 Möhre
1 großes Ei
Pfeffer

► Die Gemüsebrühe erhitzen. Die Möhre putzen, schälen, fein raspeln und in die Brühe geben. ► Das Ei aufschlagen, gut verquirlen und in die Brühe gleiten lassen. Mit Pfeffer würzen und sofort servieren.

Schnelle Eierpfanne

E

Für 2 Personen ► preisgünstig
5 Min.

2 TL Öl
4 Eier
Pfeffer
Meersalz
2 Stauden Chicorée
4 TL Zitronensaft

► Das Öl in einer beschichteten Pfanne erhitzen. Die Eier hineinschlagen und mit einem Kochlöffel kurz umrühren. Mit Pfeffer und Salz würzen und zugedeckt 2–3 Min. stocken lassen. ► Den Chicorée waschen, halbieren und den mittleren Strunk keilförmig herausschneiden. Mit Zitronensaft beträufeln und mit Pfeffer und Salz würzen. Zusammen mit den gestockten Eiern servieren.

Tomaten-Mozzarella-Salat mit Oliven

N

Für 2 Personen ► gut vorzubereiten
5 Min.

2 Fleischtomaten
250 g Mozzarella
2 Zweige Basilikum
1 EL Olivenöl
2 EL alter Balsamico-Essig
Pfeffer
Meersalz
8 Oliven

Die Tomaten waschen, von den Stielansätzen befreien und grob würfeln. Den Mozzarella abtropfen lassen und in Scheiben schneiden. Basilikum waschen, trockenschütteln, Stiele entfernen und die Blätter klein schneiden. Die Tomaten mit den Mozzarellascheiben und dem Basilikum mischen. Die Mischung mit Öl und Essig beträufeln und mit Pfeffer und Salz würzen. Mit den Oliven garniert servieren.

Gemüsesticks mit Käse-Dip

N

Für 2 Personen ► gelingt leicht
5 Min.

2 Möhren
2 Stangen Sellerie
80 g Schafskäse (z. B. Feta)
150 g Joghurt
1 TL Senf
Kräutersalz
Pfeffer

Die Möhren schälen, den Stangensellerie putzen und das Gemüse in schmale lange Streifen schneiden. Den Schafskäse mit einer Gabel fein zerdrücken und mit dem Joghurt mischen. Den Dip mit Senf, Kräutersalz und Pfeffer würzen und zum Gemüse servieren.

TIPP Diese vitaminreiche Mahlzeit eignet sich ideal als kleine Nascherei am Arbeitsplatz. Geben Sie das Gemüse, getrennt vom Dip, in gut verschließbare Boxen. Kühl aufbewahrt hält sich der Snack einige Stunden frisch.

Avocado mit Krabbensauce

E

Für 2 Personen ► gelingt leicht
5 Min.

150 g Krabben, gekocht
150 g Joghurt
1 EL Ketchup, natriumarm
1 EL Crème fraîche
Meersalz
1 große Avocado
1 Zweig Dill

Die Krabben mit einer Gabel grob zerdrücken. Den Joghurt mit dem Ketchup und der Crème fraîche cremig verrühren. Die Sauce leicht salzen und die Krabben unterrühren. Die Avocado halbieren, den Stein herauslösen und die Avocadohälften mit der Krabbensauce füllen. Mit den Dillfähnchen garnieren.

Tomaten-Mozzarella-Salat mit Oliven

Street Food – die gesunde Variante zu Fast Food

Trennkost und Street Food, das ist der perfekte Mix aus Frische, Vielfalt und rascher Zubereitung. Damit liegen die Vorteile klar auf der Hand, denn das Essensangebot ist wirklich unbeschreiblich abwechslungsreich und von herzhaft bis süß sind alle Geschmacksrichtungen vertreten. Doch »Essen von der Straße«, wie Street Food übersetzt heißt, findet nicht nur auf den Straßen statt, sondern Sie können sich diese leckeren Köstlichkeiten auch schon zu Hause im Voraus selbst zubereiten und appetitlich verpackt, im Sinne von »to go«, dann unterwegs verzehren. Selbst gemacht schmeckt einfach am besten und man weiß, was drin ist. Street Food ist einzigartig. Entdecken und genießen Sie hier eine kleine Auswahl dieser internationalen Köstlichkeiten.

Gemüsedöner

KH

Für 2 Portionen ► gelingt leicht
20 Min.

› 100 g Weißkraut › Meersalz › ½ TL Kurkuma › 4 Eisberg-Salatblätter › 150 g Zucchini › 1 gelbe Paprikaschote › 1 EL Öl › 1 große Tomate › 150 g Salatgurke › 1 Knoblauchzehe › 150 g griechischer Joghurt › Kräutersalz › 2 Fladenbrötchen

Weißkraut in feine Streifen hobeln, salzen und mit den Händen gut verkneten. Kurkuma unterrühren. Salatblätter waschen und in Streifen schneiden. Zucchini und Paprika putzen, in Stücke schneiden und im heißen Öl bissfest braten. Leicht salzen. Tomate waschen, Gurke schälen und beides in Scheiben schneiden. Für die Sauce den Knoblauch pressen. Joghurt, Knoblauch und Kräutersalz miteinander verrühren. Die Fladenbrötchen aufschneiden, toasten und mit Krautsalat, Salat, geschmortem Gemüse, Tomaten, Gurken und Sauce füllen. Das restliche Gemüse und Sauce dazu servieren.

Fruchtiger Rote-Bete-Hähnchensalat

E

Für 2 Portionen ► gelingt leicht
20 Min.

› **300 g gegarte Hühnerbrust** › **300 g Rote Bete aus der Folie** › **2 Selleriestangen** › **1 Stück Salatgurke, 18 cm** › **1 großer saurer Apfel** › **2 EL Zitronensaft** › **1 große Orange** › **125 g Joghurt** › **1 EL Tomatenketchup, natriumarm** › **Pfeffer** › **Meersalz** › **2 EL Sonnenblumenkerne**

Fleisch in kleine Stücke schneiden. Rote Bete putzen und in kleine Stücke hacken. Sellerie putzen und in hauchdünne Scheibchen schneiden. Die Gurke schälen und in kleine Würfel schneiden. Apfel schälen, vierteln, entkernen, in kleine Würfel schneiden und sofort mit dem Zitronensaft beträufeln. Orange schälen und filetieren. 2 EL Orangensaft auffangen. Für das Dressing den Orangensaft mit Joghurt und Ketchup verrühren. Mit Pfeffer und Salz würzen. Fleischstücke zusammen mit Roter Bete, Selleriescheibchen, Gurke-, Apfel- und Orangenstückchen in 2 Gläser schichten und zwischendurch immer etwas Sauce zugeben. Mit den Sonnenblumenkernen bestreut servieren.

TIPP Statt Hühnerfleisch können Sie auch 250 g Fetakäse nehmen.

Asiatische Glücksrollen mit Lachs

KH

Für 2 Portionen ► gelingt leicht
20 Min.

› **1 große Gemüsezwiebel** › **1 kleiner Pak Choi oder Chinakohl** › **1 TL Kreuzkümmel** › **2 TL Korianderkörner** › **1½ EL Sesamöl** › **Pfeffer** › **Meersalz** › **4 Blätter Reispapier, 22 cm** › **8 EL Sojabohnen-Keimlinge** › **4 Scheiben gebeizter Lachs in Stückchen** › **4 EL Sojasauce** › **etwas Sesam**

Zwiebel schälen und in Ringe schneiden. Salat putzen und in feine Streifen schneiden. Kreuzkümmel und Koriander in einer Pfanne kurz rösten. Öl zugeben und die Zwiebelringe darin goldbraun braten. Salatstreifen unter Rühren dazugeben, kurz und knackig mit braten. Alles mit Pfeffer und Salz würzen. Reispapier in Wasser 1–2 Min. einweichen, dann auf einem feuchten Küchenbrett einzeln ausbreiten. Je ein Viertel der Füllung und je ein Viertel der Keimlinge darauf verteilen und mit Lachsstückchen belegen. Die Seiten des Reispapiers nach innen schlagen und fest zusammenrollen. Mit Sesam bestreuen und zusammen mit der Sojasauce anrichten.

Sirup

Kleine Kokospfannkuchen mit Rosinenquark

KH

Für 2 Personen ► geht schnell
15 Min.

75 g feines Dinkelvollkornmehl
1 TL Weinstein-Backpulver
150 ml Kokosmilch aus der Dose
1 Eigelb
1 Prise Meersalz
3 EL Sonnenblumenöl
125 g Quark (20 % Fett i.Tr.)
4 EL Ahornsirup
4 EL Rosinen

► Das Mehl mit dem Backpulver mischen und mit der Kokosmilch, 10 EL Wasser, Eigelb und Salz zu einem glatten Teig verrühren. ► Etwas Öl in einer kleinen beschichteten Pfanne erhitzen. 1 kleine Schöpfkelle Teig hineingeben und bei starker Hitze den Pfannkuchen von jeder Seite 1–2 Min. backen. ► Aus dem restlichen Öl und dem übrigen Teig 3 weitere dünne Pfannkuchen backen. Die Pfannkuchen mit dem Quark bestreichen, Ahornsirup und Rosinen darauf verteilen, zusammenrollen und servieren.

Geniale Gerichte in 15 Minuten

Geeiste Mango-Avocado-Creme

E

Für 2 Portionen ► geht schnell
15 Min.

200 g Mango
1 reife Avocado
1 EL Stevia GrooVia oder
2 EL Ahornsirup
2 kleine Zweige Minze

Die geschälte und entkernte Mango in mundgerechte Stücke schneiden, 2 EL davon in kleine Würfel schneiden. Die Fruchtstücke locker verteilt auf einen großen flachen Gefrierbehälter legen und ins Gefrierfach geben. (Erst im gefrorenen Zustand in einem Gefrierbeutel aufbewahren. Dies verhindert, dass sie aneinander festfrieren.) Avocado halbieren, den Stein entfernen und das Fruchtfleisch mit einem Löffel herausnehmen. Das Fruchtfleisch zusammen mit den etwas größeren gefrorenen Mangostücken und Stevia in einen Mixer geben und sehr fein pürieren. Die Mango-Avocado-Creme in Dessertschalen geben, mit den kleineren gefrorenen Mangostückchen und etwas Minze garnieren. Sofort servieren.

Feines Himbeersorbet

E

Für 2 Personen ► gut vorzubereiten
15 Min.

75 g Sahne
300 g Himbeeren (TK)
125 g Joghurt
einige Tropfen Stevia flüssig oder
1 EL flüssiger Honig
4 Minzeblättchen

Die Sahne steif schlagen. Die gefrorenen Himbeeren mit einem Schuss kochendem Wasser übergießen. Die Früchte zusammen mit dem Joghurt fein pürieren. Mit Stevia bzw. Honig süßen. Die Sahne unter das Himbeersorbet ziehen und in Dessertgläser geben. Das Sorbet mit den Minzeblättchen garniert servieren.

Süßes Joghurt-Beeren-Dessert

E

Für 2 Personen ► gelingt leicht
15 Min.

300 g frische Beeren (z. B. Johannisbeeren, Himbeeren, Brombeeren, Erdbeeren, Heidelbeeren)
300 g Naturjoghurt
1 EL Stevia GrooVia oder
2 EL flüssiger Honig
1 EL gehackte Walnüsse
1 TL Zimtpulver

Die Beeren verlesen, von den Stielen befreien, waschen und gut abtropfen lassen. Die Früchte in 2 Dessertgläser füllen. Joghurt mit Stevia oder Honig gut verrühren und die gehackten Walnüsse unterrühren. Den Joghurt gleichmäßig auf den Beeren verteilen und mit dem Zimt bestreuen. Gut gekühlt servieren.

Rühreier auf indische Art

E

Für 2 Portionen ► geht schnell
15 Min.

1 große Gemüsezwiebel
2 Salatherzen
1½ TL Kreuzkümmel
1½ TL Senfkörner
1 EL Sesamöl
1 EL Butter
Pfeffer
Meersalz
4 große Eier
1 EL Öl
1 EL Butter
1½ TL Garam Masala
1 TL Kurkuma
12 Kirschtomaten

Zwiebel abziehen, halbieren und in schmale Spalten schneiden. Salat putzen und in Stücke schneiden. Kreuzkümmel und Senfkörner in einer Pfanne kurz rösten. Sesamöl und Butter dazugeben, aufschäumen lassen, dann die Zwiebelstreifen darin goldbraun braten. Salatstücke unter Rühren dazugeben, kurz und knackig mit braten. Alles mit Pfeffer und Salz würzen. Eier in einer Schüssel aufschlagen und verquirlen. In einer zweiten Pfanne je 1 EL Öl und Butter erhitzen. Garam Masala und Kurkuma darin rösten. Verquirlte Eier zugeben und zu einem Rührei fertig backen. Rühreier mit den gebratenen Zwiebeln mischen und mit halbierten Kirschtomaten garniert servieren.

Gebackener Schafskäse mit Rühreiern auf Blattsalat

E

Für 2 Personen ► gelingt leicht
15 Min.

1 Eisbergsalat
3 EL Olivenöl
2 EL Zitronensaft
Pfeffer
Meersalz
1 kleines Bund Schnittlauch
3 Eier
200 g Schafskäse (z. B. Feta)
2 EL gemahlene Mandeln

Den Salat putzen, waschen, abtropfen lassen und in mundgerechte Stücke zerpflücken. Die Salatblätter dekorativ auf einer Platte anrichten, mit etwas Öl und dem Zitronensaft beträufeln. Mit Pfeffer und Salz leicht würzen. Den Schnittlauch waschen, trockenschütteln und in Röllchen schneiden. Die Eier mit einer Gabel kräftig aufschlagen. Den Schafskäse in 4 dicke Streifen schneiden, erst im Ei, dann in den gemahlenen Mandeln wenden. Das restliche Öl in einer beschichteten Pfanne erhitzen, den Käse darin rundum anbraten, dann beiseiteschieben. Die restlichen Rühreier in die Pfanne gießen und stocken lassen. Käse und Eier auf dem Salat anrichten und mit den Schnittlauchröllchen bestreuen.

Kerniges Frühstücksmüsli

KH

Für 2 Personen ► gut vorzubereiten
15 Min.

15 Mandeln
1 Möhre
1 mürber Apfel
6 EL Haferflocken
300 ml Buttermilch
einige Tropfen Stevia flüssig oder
1 EL flüssiger Honig
2 EL Rosinen

► Die Mandeln grob hacken und in einer Pfanne ohne Fett kurz rösten, dann beiseitestellen. ► Die Möhre schälen und grob raspeln. Den Apfel waschen, vierteln, entkernen und in kleine Stücke schneiden. ► Die Haferflocken mit der Buttermilch verrühren und mit Stevia bzw. Honig süßen. Die Möhrenraspel und Apfelstücke auf der Buttermilch-Haferflocken-Mischung anrichten. Das Müsli mit den Mandeln und Rosinen bestreut servieren.

Hirsebrei-Müsli mit Bananen und Zimt

KH

Für 2 Personen ► gelingt leicht
15 Min.

100 ml Sahne
1½ EL Honig
1 Msp. Meersalz
80 g gemahlene Hirse
2 EL Rosinen
2 kleine Bananen
2 TL Butter
2 TL gemahlener Zimt
2 EL Pinienkerne

► 250 ml Wasser zusammen mit der Sahne in einem Topf verrühren. Honig, Salz und Hirse hinzufügen und alles unter Rühren zum Kochen bringen. ► Das Ganze kurz aufwallen lassen, die Rosinen dazugeben, anschließend den Topf vom Herd nehmen und die Hirse einige Minuten ausquellen lassen. Die Bananen schälen und der Länge nach halbieren. Die Butter in einer Pfanne schmelzen lassen und die Bananen darin kurz anbraten. ► Den Hirsebrei auf zwei Tellern verteilen, mit den gebratenen Bananen belegen, mit Zimt bestäuben und mit den Pinienkernen bestreut servieren.

Joghurt mit Ananas-Kokos-Topping

E

Für 4 Personen ► gelingt leicht
15 Min.

2 EL Kokosraspel
1 Ananas
250 g Joghurt
einige Tropfen Stevia flüssig oder
1 EL flüssiger Honig

► Die Kokosraspel in einer Pfanne ohne Fett kurz rösten. ► Die Ananas putzen, der Länge nach vierteln und den holzigen Strunk herausschneiden. Die Ananasviertel unter dem vorgeheizten Grill 6–8 Min. unter Wenden grillen. ► In der Zwischenzeit den Joghurt mit Stevia bzw. Honig süßen. ► Die Ananas von der Schale schneiden. Das Fruchtfleisch in Stücke schneiden und wieder auf der Schale anrichten. Die Ananasstücke zusammen mit dem Joghurt auf Desserttellern anrichten. Mit den Kokosraspeln bestreut servieren.

Kerniges Frühstücksmüsli

Bruschetta al pomodoro

KH

Für 2 Personen ► gelingt leicht
15 Min.

2 Tomaten
1 kleine Zwiebel
1 Knoblauchzehe
10 Blätter Basilikum
frischer Pfeffer aus der Mühle
Meersalz
2 Scheiben Vollkornbrot
2 EL Olivenöl

Die Tomaten waschen, vierteln, vom Stielansatz befreien, entkernen und fein würfeln. Zwiebel und Knoblauch abziehen und fein hacken. Basilikumblätter waschen, trockenschütteln und in feine Streifen schneiden. Tomaten mit Zwiebeln, Knoblauch und Basilikum mischen, mit Pfeffer und Salz würzen. Das Brot von beiden Seiten dünn mit Öl bestreichen und in einer Pfanne von beiden Seiten goldbraun rösten. Tomatenmischung auf dem Brot verteilen und servieren.

TIPP Für klassisches Bruschetta wird italienisches Weißbrot im Ofen geröstet. Dieses wird dann mit Knoblauch eingerieben und mit den gewürzten Tomatenstückchen belegt. Es wird warm gegessen.

Waldorfsalat mit Weintrauben

E

Für 2 Personen ► gut vorzubereiten
15 Min.

3 EL Rosinen
180 g Knollensellerie
250 g kernlose grüne Trauben
1 großer säuerlicher Apfel
50 g Walnüsse
2 Zweige Petersilie
250 g Joghurt
5 EL Milch
3 EL Crème fraîche
2 EL Zitronensaft
1 Msp. Cayennepfeffer
Meersalz

Die Rosinen heiß abspülen und abtropfen lassen. Den Sellerie putzen, waschen und in feine Stifte raspeln. Die Trauben waschen und halbieren. Den Apfel waschen, vierteln, entkernen und in kleine Würfel schneiden. Die Walnüsse grob zerhacken. Die Petersilie waschen, trockenschütteln und fein hacken. Sellerie, Trauben, Apfelwürfel, Walnüsse und Rosinen in einer Schüssel mischen. Für das Dressing Joghurt mit Milch, Crème fraîche und Zitronensaft cremig verrühren. Die Sauce mit Cayennepfeffer und Salz abschmecken. Den Salat anmachen. Mit Petersilie bestreut servieren.

Überbackene Ofenbrote

KH

Für 2 Personen ► gelingt leicht
15 Min.

2 große Scheiben Vollkornbrot
1 kleine Zwiebel
200 g Champignons
1 EL Öl
1 EL Schmand
frischer Pfeffer aus der Mühle
Meersalz
3 EL geriebener Greyerzer Käse
3 Zweige Petersilie

Den Backofen auf 200 °C vorheizen. Ein Backblech mit Backpapier auslegen, die Brote darauflegen und 5 Min. rösten. Die Zwiebel schälen und fein hacken. Die Pilze gut säubern, dann in kleine Würfel schneiden. Das Öl in einer Pfanne erhitzen und die Zwiebelwürfel darin bei schwacher Hitze glasig werden lassen. Die Champignons dazugeben und unter Rühren 3–4 Min. braten. Den Schmand einrühren und alles mit Pfeffer und Salz würzen. Den Pilzrahm auf den Broten verteilen und mit dem Käse bestreuen. Die Brote im Backofen 5 Min. überbacken. Mit der Petersilie garniert servieren.

Käse-Paprika-Salat mit Olivendressing

N

Für 2 Personen ► gelingt leicht
15 Min.

1 Bund Radieschen
1 kleine Gewürzgurke
1 grüne Paprikaschote
150 g Käse (z. B. Allgäuer Emmentaler oder Appenzeller)
10 grüne Oliven ohne Stein
1 kleines Bund Petersilie
1 EL Obstessig
1 EL Olivenöl
1 TL Löwensenf
1 Msp. Chilipulver
Kräutersalz
Paprikapulver

Die Radieschen putzen, waschen und in Scheiben schneiden, die Gurke waschen und fein hacken. Die Paprikaschote halbieren, putzen, waschen und in kleine Würfel schneiden. Den Käse ebenfalls in kleine Würfel schneiden. Alles in einer Schüssel mischen. Für das Dressing die Oliven fein würfeln. Die Petersilie waschen, trockenschütteln und fein hacken. Essig, Öl und Senf mit 2 EL Wasser kräftig aufschlagen. Die Olivenwürfel untermischen und die Sauce mit Chili und Salz würzen. Das Dressing über den Käsesalat gießen und alles mit dem Paprikapulver und der Petersilie bestreuen.

TIPP Essen Sie zu dem Käse-Paprika-Salat nach Belieben eine Scheibe Butterbrot – dann wird allerdings aus dem neutralen Gericht eine Kohlenhydratmahlzeit.

Fitnesssalat mit Geflügelsülze

E

Für 2 Personen ► geht schnell
15 Min.

1 Salatherz
4 Champignons
1 Möhre
1 rote Paprikaschote
1 kleine Salatgurke
4 EL Mais (TK)
1 kleines Bund Schnittlauch
1 EL Öl
2 EL Zitronensaft
einige Tropfen Stevia flüssig oder 1 TL flüssiger Honig
1 TL Senf
Pfeffer
Meersalz
2 Scheiben Geflügelsülze à 120 g

Den Salat putzen, waschen und in mundgerechte Stücke zupfen. Die Champignons feinblättrig aufschneiden. Die Möhre schälen und grob raspeln. Die Paprikaschote putzen, entkernen, waschen und anschließend klein würfeln. Die Gurke schälen, der Länge nach vierteln und in kleine Würfel schneiden. Alles zusammen mit dem Mais in einer Schüssel mischen. Den Schnittlauch waschen, trockenschütteln und in kleine Röllchen scheiden. Das Öl mit dem Zitronensaft, 6 EL Wasser, Stevia bzw. Honig, Senf, Pfeffer und Salz verrühren. Das Dressing mit dem Salat mischen und mit dem Schnittlauch bestreuen. Zusammen mit der Geflügelsülze servieren.

Garnelen-Tapas

E

Für 2 Personen ► gut vorzubereiten
15 Min.

8 gekochte große Garnelen
1 Knoblauchzehe
1 Zweig Dill
1 Avocado
1 EL Zitronensaft
1 Msp. Chili
Meersalz
4 kleine Tomaten

Von den Garnelen den schwarzen Darm entfernen. Den Knoblauch abziehen und durch eine Presse drücken. Den Dill waschen und trockenschütteln. Die Avocado halbieren und den Stein entfernen. Das Fruchtfleisch mit einem Löffel herausschaben, mit dem Zitronensaft beträufeln und dann mit einer Gabel fein zerdrücken. Mit dem Knoblauch, Chili und Salz würzen. Die Tomaten waschen und halbieren. Mit einem Löffel die Kerne entfernen und die Avocadocreme in die Tomatenhälften füllen. Jeweils eine Garnele auf die Creme legen. Die Tomaten mit den Dillfähnchen garniert servieren.

Schwertfisch-Zucchini-Salat mit Kirschtomaten

E

Für 2 Personen ► geht schnell
15 Min.

2 Schwertfischsteaks à 200 g
2 EL Olivenöl
frischer Pfeffer aus der Mühle
Meersalz
2 Zucchini
1–2 Knoblauchzehen
150 g Kirschtomaten
1 TL getrockneter Thymian

Den Fisch waschen und mit Küchenpapier abtrocknen. 1 EL Öl in einer Pfanne erhitzen und den Fisch darin von jeder Seite etwa 3 Min. braten. Mit Pfeffer und Salz würzen. Den Fisch aus der Pfanne nehmen, leicht abkühlen lassen, danach in Stücke schneiden. Die Zucchini waschen, Blüten- und Stielansätze entfernen und in kleine Würfel schneiden. Den Knoblauch schälen und fein hacken. Die Tomaten waschen und halbieren. Das restliche Öl in einer zweiten Pfanne erhitzen, Zucchiniwürfel und Knoblauch darin unter Rühren etwa 3–4 Min. kräftig anbraten. Mit Thymian und Salz würzen. Zucchini mit dem Schwertfisch mischen. Zusammen mit den Tomaten servieren.

Garnelen-Tapas

Pikante Pilz-Frittata

E

Für 2 Personen

► gut vorzubereiten

15 Min.

150 g Austernpilze
1 kleines Bund Schnittlauch
1 kleines Stück Chilischote
1 Knoblauchzehe
1 EL Olivenöl
4 große Eier
2 EL Mineralwasser
Pfeffer
Meersalz

Die Austernpilze putzen und in Streifen schneiden. Den Schnittlauch waschen, trockenschütteln und in kleine Röllchen schneiden. Chili klein würfeln. Das Öl in einer beschichteten Pfanne erhitzen, Pilze, Chili und Knoblauch darin unter Rühren bei mittlerer Hitze einige Minuten braten. Die Eier mit dem Mineralwasser verquirlen, pfeffer und salzen. Die Eier über die Pilze gießen und zugedeckt bei schwacher Hitze 2–3 Min. stocken lassen. Zwischendurch die Pfanne hin und her rütteln, damit nichts anbackt. Die Frittata mithilfe eines flachen Topfdeckels wenden und zugedeckt weitere 2–3 Min. garen. Warm oder kalt servieren.

Lachs-Carpaccio auf Toast

KH

Für 2 Personen

► gut vorzubereiten

15 Min.

150 g gebeizter Lachs
1 Fleischtomate
2 Zweige Dill
1 EL Obstessig
1 EL Öl
frischer Pfeffer aus der Mühle
Meersalz
2 Scheiben Vollkorntoast

Die Lachsscheiben zwischen Klarsichtfolie legen und mit einem Nudelholz sehr dünn ausrollen. Die Tomate waschen, vom Stielansatz befreien, vierteln, entkernen und fein würfeln. Dill waschen, trockenschütteln und fein hacken. Obstessig mit Öl, Dill und 1 EL Wasser verrühren. Den Lachs fächerartig auf einem Teller ausbreiten. Tomatenwürfel auf dem Lachs anrichten, alles mit der Vinaigrette beträufeln und mit Pfeffer und Salz bestreuen. Die Brote toasten und zusammen mit dem Lachs-Carpacchio servieren.

Italienische Schmortomaten mit Ziegenkäse

E

Für 2 Personen

► gut vorzubereiten

15 Min.

2 EL Pinienkerne
1 Zweig Rosmarin
2 Stiele Thymian
600 g kleine Tomaten
1½ EL Öl
Pfeffer
Meersalz
120 g Ziegenkäse (Camembert) am Stück

Die Pinienkerne in einer Pfanne ohne Fett goldbraun rösten, beiseitestellen. Rosmarin und Thymianblättchen von den Stielen zupfen und fein hacken. Die Tomaten waschen, von den Stielansätzen befreien und grob würfeln. 1 EL Öl in einer Pfanne erhitzen und die Tomatenwürfel darin 5–8 Min. schmoren lassen. Mit Pfeffer, Salz, Rosmarin und Thymian würzen. Den Käse grob würfeln. Das restliche Öl in einer zweiten Pfanne erhitzen und die Käsewürfel darin von allen Seiten kurz und kräftig anbraten. Die Tomaten zusammen mit dem Käse auf 2 Tellern anrichten und mit den Pinienkernen bestreuen.

Spanischer Thunfischsalat

E

Für 2 Personen ► geht schnell
15 Min.

1 kleine Zwiebel
2 Knoblauchzehen
1 EL Kapern (aus dem Glas)
10 schwarze Oliven ohne Stein
1 rote Paprikaschote
200 g Thunfisch naturell (Dose)
1 TL Mayonnaise ohne Zucker
150 g Joghurt
1 Msp. Chili
Meersalz
1 Eisbergsalat

Zwiebel und Knoblauch abziehen und beides fein hacken. Die Kapern fein würfeln, die Oliven in Scheiben schneiden. Die Paprikaschote halbieren, putzen, waschen und in feine Würfel schneiden. Den Saft vom Thunfisch abgießen und den Fisch mit einer Gabel grob zerdrücken. Die Mayonnaise mit dem Joghurt verrühren. Zwiebel, Knoblauch, Kapern, Oliven und Paprikawürfel in die Joghurtsauce rühren, mit Chili und Salz fein abschmecken. Den Thunfisch mit der Sauce mischen. Den Salat putzen, waschen, abtropfen lassen und in feine Streifen schneiden. Auf einem Teller ausbreiten und den Thunfischsalat darauf anrichten.

Gurkenstifte mit Zaziki und Brot

KH

Für 2 Personen ► gelingt leicht
15 Min.

1 Salatgurke
1–2 Knoblauchzehen
2 EL Crème fraîche
250 g Joghurt
Pfeffer
Kräutersalz
2 Zweige Dill
2 Scheiben Vollkornbrot

Die Gurke schälen, 10 cm davon fein raspeln, den Rest halbieren und mit einem Löffel entkernen. Die Gurke in fingerdicke, etwa 10 cm lange Stifte schneiden. Den Knoblauch abziehen und durch eine Presse drücken. Die Crème fraîche mit dem Joghurt verrühren, Gurkenraspel und Knoblauch unterrühren und das Ganze mit Pfeffer und Salz würzen. Die Gurkenstifte auf einer kleinen Platte anrichten und mit dem Dill garnieren. Zusammen mit dem Zaziki und dem Brot servieren.

Italienischer Salat mit Oliven

N

Für 2 Personen ► gelingt leicht
15 Min.

1 kleines Bund Rucola
1 kleiner Romanasalat
1 kleine gelbe Paprikaschote
1 Fleischtomate
1 EL Olivenöl
1 EL Obstessig
frischer Pfeffer aus der Mühle
Meersalz
10 schwarze Oliven

Den Rucola waschen, trocknen und klein schneiden. Romanasalat putzen, waschen, abtropfen lassen und in mundgerechte Stücke zerpflücken. Die Paprikaschote halbieren, putzen, waschen und in Würfel schneiden. Die Tomate waschen, vom Stielansatz befreien und in schmale Spalten schneiden. Die vorbereiteten Salatzutaten in einer Schüssel mischen. Für das Dressing das Öl mit Essig, 5 EL Wasser, Pfeffer und Salz kräftig verrühren. Den Salat mit dem Dressing mischen und mit den Oliven garnieren.

Italienische Zucchinisuppe mit Thunfisch

E

Für 2 Personen ► geht schnell
15 Min.

1–2 Knoblauchzehen
1 Zucchini
1 EL Olivenöl
1 TL Rosmarin, getrocknet
1 TL Thymian, getrocknet
400 g Tomatenstücke (Dose)
350 ml Gemüsebrühe
1 EL Sahne
100 g Thunfisch im eigenen Saft (Dose)
Pfeffer
Meersalz
1 Zweig Petersilie

Knoblauch abziehen und grob hacken. Zucchini waschen, putzen, würfeln. Das Öl in einem Topf erhitzen. Den Knoblauch darin glasig dünsten. Zucchiniwürfel zugeben und unter Rühren einige Minuten kräftig anbraten. Mit Rosmarin und Thymian würzen. Die Tomatenstücke untermischen, mit der Brühe auffüllen und alles etwa 3 Min. leicht kochen lassen. Die Sahne einrühren, den zerteilten Thunfisch dazugeben und die Suppe mit Pfeffer und Salz abschmecken. Mit Petersilie garniert servieren.

Scharfe Thaisuppe mit Tofu

N

Für 2 Personen ► gelingt leicht
15 Min.

150 g Tofu
1 Stange Lauch
1 rote Paprikaschote
150 g Austernpilze
1 EL Öl (z. B. Sesamöl)
500 ml Gemüsebrühe
½ TL rote Currypaste
½ TL Sambal Oelek
1 EL dunkle Sojasauce
Meersalz
frisches Koriandergrün

Den Tofu abtropfen lassen, klein würfeln und beiseitestellen. Den Lauch putzen, längs vierteln, waschen und in Streifen schneiden. Die Paprikaschote waschen, halbieren, putzen und in Streifen schneiden. Die Austernpilze putzen und würfeln. Das Öl in einem Topf erhitzen. Lauch, Paprika und Pilze darin unter Rühren etwa 5 Min. kräftig anbraten. Mit der Brühe ablöschen und aufkochen lassen. Die Suppe mit Currypaste, Sambal Oelek, Sojasauce und etwas Meersalz würzen. Die Tofuwürfel untermischen und mit dem Koriander bestreuen.

Gemüsesuppe mit Ei

E

Für 2 Personen ► geht schnell
15 Min.

1 Bund Suppengrün
1 kleines Bund Schnittlauch
1 EL Butter
400 ml Gemüsebrühe
2 Eier

Das Suppengrün putzen, waschen und in kleine Würfel schneiden. Den Schnittlauch waschen und in kleine Röllchen schneiden. Die Butter in einem Topf erhitzen und die Gemüsewürfel darin unter Rühren anbraten. Mit der Brühe ablöschen und einige Minuten leise kochen lassen. Die Eier einzeln in eine Suppenkelle schlagen, vorsichtig in die Suppe geben und fest werden lassen. Die Suppe mit den Schnittlauchröllchen bestreut servieren.

Scharfe Thaisuppe mit Tofu

Bunter Brotsalat mit Parmesan-Dressing

KH

Für 2 Personen ► geht schnell
15 Min.

2 Scheiben Vollkornbrot
2 EL Butter
1 kleiner Eisbergsalat
1 kleines Bund Rucola
1 Bund Radieschen
1 gelbe Paprikaschote
2 Tomaten
12 Oliven
3 Zweige Petersilie
2 EL Obstessig
1 EL Olivenöl
frischer Pfeffer aus der Mühle
Meersalz
2 EL frisch geriebener Parmesankäse

Die Brote in kleine Würfel schneiden. Die Butter in einer beschichteten Pfanne schmelzen lassen und die Brotwürfel darin rundherum knusprig braten, dann beiseitestellen. Eisbergsalat und Rucola putzen, waschen, abtropfen lassen und in mundgerechte Stücke zerpflücken. Die Radieschen putzen, waschen und in Scheiben schneiden. Die Paprikaschote halbieren, putzen, waschen und in Würfel schneiden. Die Tomaten waschen, von den Stielansätzen befreien und in schmale Spalten schneiden. Die vorbereiteten Salatzutaten zusammen mit den Oliven in einer Schüssel mischen. Für das Dressing die Petersilie waschen, trockenschütteln und fein hacken. Mit Essig, Öl, 4 EL Wasser, Pfeffer, Salz und Parmesan verrühren. Das Dressing mit dem Salat mischen und mit den gerösteten Brotwürfeln bestreuen.

Einmal kochen, zweimal essen

Kochen auf Vorrat – schon meine Mutter hat es getan, um sich damit die tägliche Kocharbeit etwas zu erleichtern. Denn viele Gerichte lassen sich am nächsten Tag einfach erhitzen oder man verwandelt sie ohne großen Aufwand in eine andere Köstlichkeit. Warum nicht gleich die doppelte Menge Quinoa kochen? Eine Hälfte wird zu einem leckeren Salat und die andere Hälfte kann als Suppeneinlage oder Müsli mit Joghurt und Banane verwendet werden. Eintöpfe, wie z. B. der Balkan-Topf, schmecken aufgewärmt genauso gut wie frisch und lassen sich zudem bestens portionsweise einfrieren. Gemüse, wie hier bei den Zucchini-Frischkäse-Nudeln, kann in einer extra großen Portion zubereitet und dann am nächsten Tag schnell mit einer anderen Beilage serviert werden. So schnell und einfach kann es gehen.

Quinoasalat mit Tahina-Sesampaste

KH

Für 2 bzw. 4 Portionen ► gut vorzubereiten 30 Min.

200 g Quinoa › 440 ml Gemüsebrühe, instant › je 1 rote und gelbe Paprikaschote › 2 Selleriestangen › 1 kleine rote Zwiebel › 12 schwarze Oliven ohne Stein › 3 EL Mais (TK) › 4 EL Tahina-Sesampaste › 125 g Joghurt › 1 TL geriebener Ingwer › 150 g Fetakäse › 2 EL gehackter Koriander

Quinoa mit kaltem Wasser gut abspülen, in der Gemüsebrühe zugedeckt 18–20 Min. köcheln lassen, dann mit einer Gabel auflockern und zugedeckt weitere 5 Min. ruhen lassen. Die Hälfte davon für den nächsten Tag beiseitestellen. Paprika putzen und klein würfeln. Sellerie putzen und in dünne Scheibchen schneiden. Zwiebel fein würfeln. Oliven in Scheibchen schneiden. Quinoa zusammen mit Gemüse und Mais in einer Schüssel mischen. Tahina-Sesampaste mit Joghurt und Ingwer zu einer cremigen Sauce verrühren und mit dem Quinoasalat vermischen. Fetakäse darüber zerbröseln und mit dem gehackten Koriander bestreut servieren. Den restlichen Quinoa am Folgetag für eine Gemüsesuppe oder einen Auflauf verwenden.

Balkan-Topf

E

Für 2 bzw. 4 Portionen ► gut vorzubereiten
30 Min.

1 große Zwiebel › 2–3 Knoblauchzehen › 400 g rote Paprika › 400 g grüne Paprika › 200 g Möhren › 2 EL Olivenöl › 600 g Rinderhackfleisch › 750 g geschälte Tomaten aus der Dose › 5 EL Tomatenmark › 2–3 EL Gemüsebrühe, instant › 4 Lorbeerblätter › 2 EL getrockneter Thymian › 2 EL gehackter Rosmarin › 2–3 TL Sambal Oelek › Pfeffer › Meersalz

➥ Zwiebel und Knoblauch schälen und grob hacken. Paprika putzen und in kleine Stücke schneiden. Möhren schälen und würfeln. ➥ Das Öl in einem großen Topf erhitzen. Zwiebel und Knoblauch darin glasig dünsten. Paprika und Möhren dazugeben und kurz mit braten. ➥ Das Hackfleisch zugeben und unter Rühren krümelig anbraten. Tomaten und Tomatenmark unterrühren. Lorbeerblätter einlegen und mit Gemüsebrühe, Thymian und Rosmarin würzen. ➥ Zugedeckt 15 Min. köcheln lassen, dann die Lorbeerblätter entfernen. Den Eintopf mit Sambal Oelek, Pfeffer und Salz würzen. Heiß servieren. ➥ Den Rest einfrieren oder am Folgetag erneut genießen.

Zucchini-Frischkäse-Nudeln

KH

Für 2 bzw. 4 Portionen ► gut vorzubereiten
20 Min.

160 g Nudeln ohne Ei
Meersalz
1–2 Knoblauchzehen
1,2 kg Zucchini
2 EL Olivenöl
200 g Frischkäse
1 TL Curry
1–2 TL Gemüsebrühe, instant
2 EL frisch geriebener Parmesan

➥ Nudeln in reichlich Salzwasser bissfest garen, abgießen, dabei etwa 150 ml Nudelwasser auffangen. ➥ Knoblauch schälen und grob hacken. Zucchini putzen und in Würfel schneiden. Öl in einer großen Pfanne erhitzen. Knoblauch und Zucchini darin bissfest braten. ➥ Nudelwasser, Frischkäse, Curry und Gemüsebrühe cremig verrühren und mit dem Gemüse mischen. ➥ Die Hälfte des Gemüses mit den Nudeln verrühren und mit Parmesan bestreut servieren. ➥ Das restliche Gemüse für die nächste Mahlzeit zur Seite stellen, am nächsten Tag das Gemüse kurz erwärmen und zusammen mit Rühreiern servieren.

Zucchini-Spaghetti mit Garnelen

E

Für 2 Portionen ► gelingt leicht
30 Min.

1–2 Knoblauchzehen
12 Garnelen
700 g Zucchini
150 g Kirschtomaten
2 EL Olivenöl
1 TL Chiliflocken
Meersalz
1 TL Gemüsebrühe, instant
100 ml Kokosmilch

➡ Knoblauch abziehen und fein würfeln. Von den Garnelen den Darm entfernen, kurz waschen und trocken tupfen. Zucchini putzen, waschen und mit einem Spiralschneider in dünne lange Streifen schneiden. Tomaten waschen und halbieren. ➡ Das Öl in einer Pfanne erhitzen. Knoblauch und Garnelen darin unter Wenden 4–5 Min. braten, dann aus der Pfanne nehmen und zur Seite stellen. ➡ Im restlichen Bratfett die Zucchini-Spaghetti bissfest braten. Mit Chiliflocken, Gemüsebrühe und Salz würzen. ➡ Kokosmilch zugießen und einmal kurz aufkochen lassen. Garnelen auf den Zucchini-Nudeln verteilen und mit den Tomaten garniert servieren.

Schnelle Hauptgerichte – fertig in 30 Minuten

One Pot Nudeln in Pilzsahne

KH

Für 2 Portionen ► gelingt leicht
30 Min.

1 kleines Bund Petersilie
250 g Champignons
1 Zwiebel
1 EL Butter
300 ml Wasser
100 ml Sahne
1 EL Gemüsebrühe, instant
160 g Nudeln ohne Ei, z. B. Penne oder Makkaroni
2 EL Crème fraîche
Pfeffer
Meersalz

Petersilie fein hacken und zur Seite stellen. Die Champignons putzen, kurz unter fließendem Wasser abwaschen und in kleine Würfel schneiden. Die Zwiebel abziehen, halbieren und fein würfeln. Zwiebelwürfel und Pilze in einen Topf geben und in der Butter dünsten. Wasser, Sahne, Gemüsebrühe und Nudeln zugeben. Zugedeckt etwa 12–15 Min. köcheln lassen. Zwischendurch umrühren. Crème fraîche unterrühren, pfeffern und salzen. Die Nudeln auf einer vorgewärmten Platte anrichten und mit der gehackten Petersilie bestreut servieren.

Sahnenudeln mit buntem Gemüse

KH

Für 2 Personen ► gelingt leicht
30 Min.

160 g Nudeln
Meersalz
1 kleine Zucchini
1 große rote Paprikaschote
1–2 Knoblauchzehen
1 EL Olivenöl
6 EL Mais
4 EL Sahne
1 TL Oregano
Pfeffer
2 EL geriebener Parmesankäse

Die Nudeln in reichlich leicht gesalzenem kochendem Wasser bissfest garen, dann abgießen und abtropfen lassen. Die Zucchini waschen, putzen und in kleine Würfel schneiden. Die Paprikaschote waschen, halbieren, putzen und klein würfeln. Den Knoblauch abziehen und in Scheiben schneiden. Das Öl in einer beschichteten Pfanne erhitzen und den Knoblauch darin andünsten. Zucchini-, Paprikawürfel und Mais dazugeben und unter Rühren 5 Min. schmoren lassen. Die Nudeln unterrühren, Sahne dazugeben, mit Oregano, Pfeffer und Salz würzen. Mit dem Parmesankäse bestreuen.

Tagliatelle mit scharf-pikantem Pesto

KH

Für 2 Personen ► gut vorzubereiten
30 Min.

3–4 Knoblauchzehen
2 EL Öl (z. B. Olivenöl)
1 kleines Bund Petersilie
1 EL Sesamsamen
2 EL Pinienkerne
Kräutersalz
1 TL Sambal Oelek
160 g Tagliatelle ohne Ei
Meersalz

Den Knoblauch abziehen und grob hacken. Das Öl erhitzen, den Knoblauch darin goldbraun braten, dann abkühlen lassen. Petersilie waschen, trockenschütteln und sehr fein hacken. Petersilie, Knoblauch mit Bratöl, Sesam, Pinienkernen und Kräutersalz in einem Mörser zu einer sämigen Paste zerreiben. Mit Sambal Oelek scharf würzen. Die Tagliatelle in reichlich leicht gesalzenem kochendem Wasser bissfest garen, dann abgießen und abtropfen lassen. Die Nudeln mit dem Pesto vermischen und servieren.

Reisnudeln in Möhren-Kokos-Sauce

KH

Für 2 Personen ► gelingt leicht
30 Min.

2 EL Kokosraspel
1 Zwiebel
1 haselnussgroßes Stück Ingwer
3 Möhren
1 EL Butter
200 ml ungesüßte Kokosmilch
1–2 TL gelbe Currypaste
1 Msp. Cayennepfeffer
Meersalz
1 TL Ahornsirup
120 g feine Reisnudeln

➤ Die Kokosraspel in einer Pfanne ohne Fett kurz rösten, dann beiseitestellen. Zwiebel und Ingwer schälen und fein würfeln. Die Möhren waschen und fein würfeln. ➤ Die Butter in einer Pfanne schmelzen, Zwiebeln, Ingwer und Möhren darin unter Rühren 3–4 Min. braten. Die Kokosmilch dazugießen, mit Currypaste, Cayennepfeffer, Salz und Ahornsirup würzen. Kurz aufkochen und 3–4 Min. köcheln lassen. ➤ Die Reisnudeln nach Packungsangabe in leicht kochendem Wasser garen, abgießen und heiß abspülen. Auf 2 Teller geben und die Sauce darauf anrichten. Mit den Kokosraspeln bestreuen.

Gemüsereis mit Worcestersauce

KH

Für 2 Personen ► gelingt leicht
30 Min.

125 g Parboiled Vollkornreis
Meersalz
1 Zwiebel
150 g Champignons
1 große rote Paprikaschote
1 EL Öl
150 g Erbsen (TK)
1 TL Curry
frischer Pfeffer aus der Mühle
einige Spritzer Worcestersauce

➤ Den Reis waschen, in einen Topf geben, mit leicht gesalzenem Wasser gut bedecken und nach Packungsangaben garen lassen. ➤ Die Zwiebel abziehen und fein hacken. Die Champignons putzen und in Würfel schneiden. Die Paprikaschote waschen, halbieren, putzen und klein würfeln. ➤ Das Öl in einer Pfanne erhitzen und die Zwiebelwürfel darin glasig dünsten. Pilze, Paprika und Erbsen dazugeben und bei mittlerer Hitze unter Rühren 8–10 Min. braten. ➤ Den Reis aus dem Wasser heben, gut abtropfen lassen und unter das Gemüse mischen. Mit Curry, Pfeffer und Salz würzen und mit Worcestersauce abschmecken.

Folienkartoffel mit feiner Kräutersauce

KH

Für 2 Personen ► gelingt leicht
30 Min.

2 große Kartoffeln à 200 g
1 Bund gemischte Kräuter (z. B. Dill, Petersilie, Kerbel, Sauerampfer)
2 EL Crème fraîche
250 g griechischer Joghurt
1 TL Senf
Kräutersalz

➤ Die Kartoffeln waschen und mit Schale in 15 Min. halb gar kochen, dann abgießen und in Alufolie wickeln. Den Backofen auf 200 °C vorheizen. Die Folienkartoffel im Backofen in etwa 15 Min. fertig garen. ➤ In der Zwischenzeit die Kräuter waschen und sehr fein hacken. Die Crème fraîche mit Joghurt und Senf verrühren. Mit Kräutersalz würzen und die gehackten Kräuter untermischen. ➤ Die noch heiße Folienkartoffel der Länge nach einschneiden (nicht durchschneiden), leicht auseinanderdrücken und mit etwas Kräutersauce füllen. Zusammen mit der restlichen Sauce servieren.

Scharfes Gemüse-Curry mit Couscous

KH

Für 2 Portionen ► geht schnell
30 Min.

150 g Blumenkohl
250 g rote Paprika
½ Chilischote
100 g Fenchel
1 Zwiebel
1 EL Öl
Meersalz
100 g Couscous
300 ml Gemüsebrühe, instant
1 EL Öl
1½ EL gelbe Currypaste
200 ml Kokosmilch, ungesüßt
1 TL Gemüsebrühe, instant

Blumenkohl putzen, waschen und in kleine Röschen teilen. Paprika putzen und in kleine Stücke schneiden. Chilischote aufschneiden, Kerne und Trennwände entfernen und in feine Streifen schneiden. Fenchel putzen, halbieren, den Strunk keilförmig herausschneiden und die Knolle in feine Streifen schneiden. Zwiebel in grobe Stücke teilen. Öl in einer Pfanne erhitzen. Gemüse darin unter Rühren bissfest garen. Mit Salz würzen. In der Zwischenzeit Couscous in die Gemüsebrühe einstreuen, einmal kurz aufkochen und bei ausgeschalteter Herdplatte 10 Min. quellen lassen. Für die Sauce 1 EL Öl zusammen mit der Currypaste in einer Pfanne erhitzen. Kokosmilch dazugießen, mit einem Schneebesen glatt rühren und kurz aufkochen lassen. Die Sauce mit etwas Gemüsebrühe würzen, mit dem Gemüse mischen und zusammen mit dem Couscous servieren.

Curry-Kokos-Geschnetzeltes mit Pak Choi

E

Für 2 Portionen ► gelingt leicht
30 Min.

300 g Kirschtomaten
1 Zwiebel
1–2 Knoblauchzehen
1 Tomate (200 g)
300 g Hähnchenbrust
1½ EL Öl
1½ EL Currypaste
150 ml Kokosmilch, ungesüßt
1 TL Gemüsebrühe, instant
Pfeffer
Meersalz
1 kleiner Pak Choi, ersatzweise Chinakohl

Den Backofen auf 200 °C vorheizen. Die Kirschtomaten waschen, halbieren, auf ein mit Backpapier ausgelegtes Backblech legen und 5–8 Min. grillen. Zwiebel und Knoblauch fein hacken. Tomate waschen und in kleine Würfel schneiden. Fleisch kurz waschen, trockentupfen und in schmale Streifen schneiden. Das Öl in einer Pfanne erhitzen. Zwiebel, Knoblauch und das Fleisch darin rundum kräftig anbraten. Currypaste unterrühren. Tomatenwürfel dazugeben und unter Rühren kurz mit braten. Kokosmilch dazugießen und kurz aufkochen lassen. Die Sauce mit Gemüsebrühe, Pfeffer und Salz abschmecken. Pak Choi waschen, in feine Streifen schneiden, in die Sauce geben und kurz zusammenfallen lassen. Mit den gegrillten Kirschtomaten zusammen servieren.

Scharfes Gemüse-Curry mit Couscous

30

Spaghetti mit gebratenem Basilikum

KH

Für 2 Personen ► gelingt leicht
30 Min.

1 große Zwiebel
1–2 Knoblauchzehen
1 großes Bund Basilikum
200 g Kirschtomaten
1 EL Olivenöl
2 EL Crème fraîche
3 EL Parmesankäse
frischer Pfeffer aus der Mühle
Meersalz
160 g Spaghetti ohne Ei

Zwiebel und Knoblauch abziehen und in kleine Würfel schneiden. Basilikum waschen und grob hacken. Die Tomaten waschen. Das Öl in einer Pfanne erhitzen und die Zwiebelwürfel darin glasig dünsten. Knoblauch und die Hälfte des Basilikums dazugeben und unter Rühren eine halbe Minute scharf braten lassen. Crème fraîche und die Hälfte des Parmesankäses unterrühren. Alles mit Pfeffer und Salz würzen. Die Spaghetti in reichlich leicht gesalzenem kochendem Wasser bissfest garen, dann abgießen und gut abtropfen lassen. Die Nudeln mit dem gebratenen Basilikum in der Pfanne mischen. Den restlichen Käse und das frische Basilikum darüberstreuen. Mit den Tomaten garnieren.

Gebackene Nudeln mit Zwiebeln und Käse

KH

Für 2 Personen ► preisgünstig
30 Min.

160 g Spaghetti ohne Ei
Meersalz
1 dicke Zwiebel
1 EL feines Weizenvollkornmehl
2 EL Öl
frischer Pfeffer aus der Mühle
80 g Emmentaler, in dünne Scheiben geschnitten
2 Fleischtomaten

Die Nudeln in reichlich leicht gesalzenem kochendem Wasser bissfest garen, dann abgießen und abtropfen lassen. Die Zwiebel abziehen und in dünne Ringe schneiden. Die Zwiebelringe im Mehl wälzen. Das Öl in einer beschichteten Pfanne erhitzen und die Zwiebelringe darin knusprig braten. Die Zwiebelringe aus der Pfanne nehmen und beiseitestellen. Im restlichen Bratfett die Nudeln unter gelegentlichem Wenden bei starker Hitze braten. Mit Pfeffer und Salz würzen. Die Zwiebelringe unter die Nudeln rühren, den Käse gleichmäßig darauf verteilen und die Pfanne mit einem Deckel schließen. Bei geringer Hitze den Käse schmelzen lassen. Die Tomaten in Spalten schneiden und zusammen mit den Nudeln servieren.

Dillkartoffeln mit Räucherfisch

KH

Für 2 Personen ► gelingt leicht
30 Min.

1 Zwiebel
400 g Kartoffeln
1 EL Butter
100 ml Gemüsebrühe
1 Salatgurke
1 kleines Bund Dill
2 EL Sojacreme
Pfeffer
Kräutersalz
300 g geräucherter Fisch
(z. B. Schillerlocke oder Goldbarsch)

Die Zwiebel abziehen und in kleine Würfel schneiden. Die Kartoffeln schälen, waschen und in kleine Stücke schneiden. Die Butter in einer Pfanne schmelzen lassen und die Zwiebelwürfel darin glasig dünsten. Kartoffelstücke dazugeben und kurz anbraten. Die Brühe dazugießen, zum Kochen bringen und 10 Min. köcheln lassen. Die Gurke schälen, halbieren, entkernen und in Würfel schneiden. Die Gurkenwürfel zu den Kartoffeln geben und weitere 10 Min. leicht kochen lassen. Den Dill waschen, trockenschütteln und fein hacken. Die Sojacreme unter die Kartoffeln rühren, alles mit Pfeffer und Salz abschmecken und den gehackten Dill unterheben. Den geräucherten Fisch auf einer Platte anrichten und zusammen mit den Dillkartoffeln servieren.

Gefüllte Riesenchampignons

E

Für 2 Personen ► gelingt leicht
30 Min.

8 große Champignons
1 Zwiebel
150 g geräucherte Putenbrust
600 g Sauerkraut
1 EL Butter
Cayennepfeffer
Meersalz
4 EL Sahne
100 g geriebener Käse (z. B. Greyerzer oder Gouda)

Die Champignons putzen und abreiben. Die Stiele herausdrehen und fein hacken. Die Zwiebel abziehen und fein würfeln. Das Fleisch in kleine Würfel schneiden. Das Sauerkraut etwas zerkleinern. Den Backofen auf 180 °C vorheizen. Die Butter in einer Pfanne schmelzen, die gehackten Champignonstiele, Zwiebel- und Fleischwürfel darin 3 Min. unter Rühren kräftig anbraten. Die Hälfte des Sauerkrauts dazugeben, vermischen und weitere 3 Min. dünsten. Mit Cayennepfeffer und Salz würzen und die Sahne unterrühren. Einen Teil der Mischung in die Pilzköpfe füllen, den Rest mit dem übrigen Sauerkraut mischen und in eine Auflaufform geben. Die gefüllten Pilze auf das Kraut setzen und den Käse darüberstreuen. Im Backofen in 12–15 Min. überbacken, bis der Käse leicht gebräunt ist.

Bunter Käse-Reis-Salat

KH

Für 2 Personen ► gut vorzubereiten
30 Min.

120 g Naturreis (10 Minuten)
Meersalz
1 Zwiebel
1 rote Paprikaschote
200 g Champignons
1 EL Sonnenblumenöl
Pfeffer
1 kleines Bund glatte Petersilie
1½ EL Obstessig
50 ml Gemüsebrühe
4 EL Mais (TK)
Kräutersalz
100 g Appenzeller Käse

➤ Den Reis in einen Topf geben, mit leicht gesalzenem Wasser gut bedecken und nach Packungsangaben garen. ➤ Die Zwiebel abziehen und in kleine Würfel schneiden. Die Paprikaschote halbieren, putzen, waschen und in schmale Streifen schneiden. Die Champignons putzen und grob würfeln. ➤ Das Öl in einer Pfanne erhitzen. Zwiebeln, Paprika und Pilze darin bissfest garen. Mit Pfeffer und Salz würzen. Die Petersilie waschen, trockenschütteln und fein hacken. ➤ Für das Dressing den Obstessig mit der Brühe mischen. Mais und Petersilie unterrühren. Die Sauce mit dem Gemüse und dem Reis gut vermischen. Den Salat mit Kräutersalz abschmecken. Den Käse in kleine Würfel schneiden und auf dem Salat verteilen.

Tagliatelle in Kokos-Curry-Sauce

KH

Für 2 Personen ► gelingt leicht
30 Min.

160 g Tagliatelle
Meersalz
2 Frühlingszwiebeln
100 g Zuckerschoten
1 rote Paprikaschote
1 rote Chilischote
100 g Mungobohnensprossen
1 EL Öl
200 ml Kokosmilch (aus der Dose)
1–2 TL Currypulver
1–2 EL Sojasauce
Pfeffer

➤ Die Nudeln in reichlich leicht gesalzenem kochenden Wasser bissfest garen, dann abgießen und abtropfen lassen. ➤ Die Frühlingszwiebeln putzen und waschen. Das Grün in Röllchen, das Weiße in kleine Würfel schneiden. Zuckerschoten und Paprikaschote putzen, waschen und in dünne Streifen schneiden. Die Chilischote putzen, waschen und in feine Ringe schneiden, die Kerne dabei entfernen. Die Sprossen waschen und verlesen. ➤ Das Öl im Wok erhitzen. Zwiebeln, Zuckerschoten, Paprikastreifen, Chili und Keimlinge dazugeben und unter Rühren 3 Min. kräftig braten. ➤ Die Kokosmilch zu dem Gemüse gießen und einmal aufkochen lassen. Mit Currypulver, Sojasauce, Pfeffer und Salz würzen. Die Nudeln untermischen und sofort servieren.

Bunter Käse-Reis-Salat

Gefüllte Haferflocken-bratlinge mit Aioli

KH

Für 2 Personen ► gelingt leicht
30 Min.

1 Zwiebel
2 EL Öl
220 ml Gemüsebrühe
120 g Haferflocken
1 Eigelb
Pfeffer
Meersalz
1 TL Majoran
60 g Schafskäse
2 EL Vollkornsemmelbrösel
1–2 Knoblauchzehen
1 frisches Eigelb
5 EL Olivenöl

Die Zwiebel abziehen und fein hacken. 1 TL Öl in einer beschichteten Pfanne erhitzen und die Zwiebeln darin glasig dünsten. Die Brühe angießen, die Haferflocken unterrühren, aufkochen lassen und bei schwacher Hitze so lange rühren, bis ein fester Brei entstanden ist. Ein Eigelb unterrühren und den Teig mit Pfeffer, Salz und Majoran abschmecken. Aus dem Teig 4 Bratlinge formen, mit dem Schafskäse füllen und in den Semmelbröseln wenden. Das restliche Öl in einer Pfanne erhitzen und die Bratlinge darin von beiden Seiten jeweils 5 Min. braten. Für das Aioli den Knoblauch abziehen und im Mörser fein zerdrücken. Ein Eigelb zusammen mit dem Knoblauch in einer Schüssel mit dem Schneebesen gut verschlagen. Das Olivenöl tröpfchenweise unterschlagen, bis die Mischung dick und cremig wird. Die Bratlinge zusammen mit dem Dip servieren.

Schinken-Bulgur-Salat mit Schafskäse

KH

Für 2 Personen ► gut vorzubereiten
30 Min.

100 g Bulgur
Meersalz
200 g gewürfelte Möhren (TK)
200 g Erbsen (TK)
75 g roher Putenlachsschinken
1 kleines Bund glatte Petersilie
1 EL Obstessig
1 EL Öl
2 EL saure Sahne
80 g Schafskäse (z. B. Feta)

Den Bulgur in 275 ml kochendes Salzwasser geben und bei schwacher Hitze 15 Min. quellen lassen, bis das Wasser aufgesogen ist. Den Bulgur beiseitestellen, mit einer Gabel auflockern und leicht auskühlen lassen. In der Zwischenzeit Möhren und Erbsen in wenig leicht gesalzenem Wasser bissfest dünsten, dann aus dem Wasser heben und gut abtropfen lassen. Etwas Gemüsewasser beiseitestellen. Den Schinken in kleine Streifen schneiden. Die Petersilie waschen, trockenschütteln und fein hacken. Aus dem Essig, Öl, 2 EL Gemüsewasser, Sahne, Salz und Petersilie ein Dressing rühren. Gemüse, Schinken und Sauce mit dem Bulgur mischen. Den Schafskäse zerbröseln und auf dem Salat verteilen.

Ungarische Bouillonkartoffeln mit Salami

KH

Für 2 Personen ► preisgünstig
30 Min.

300 g Kartoffeln
1 Stange Lauch
2 Möhren
150 g Knollensellerie
150 g grüne Bohnen
1 EL Butter
2 Knoblauchzehen, ungeschält
1 kleine Chilischote
1–2 TL Paprikapulver
1–2 TL Gemüsebrühe
1 TL Kümmel
1 kleines Bund Petersilie
80 g Rindersalami am Stück
2 EL saure Sahne

Die Kartoffeln schälen, waschen und in kleine Würfel schneiden. Den Lauch putzen, längs vierteln, gründlich waschen und in kleine Streifen schneiden. Möhren und Sellerie waschen, putzen und in feine Würfel schneiden. Die Bohnen waschen, putzen und in etwa 3 cm lange Stücke schneiden. Die Butter in einem Topf schmelzen lassen. Kartoffeln, Gemüse, Knoblauchzehen und Chilischote dazugeben und alles unter Rühren kurz anbraten. Mit dem Paprikapulver bestreuen und alles mit Wasser gut bedecken. Mit der Gemüsebrühe und Kümmel würzen und zugedeckt 15–20 Min. leise kochen lassen. Die Chilischote und Knoblauchzehen entfernen. Die Petersilie fein hacken. Die Salami in kleine Würfel schneiden. Die Bouillonkartoffeln in tiefe Teller füllen und die Salamiwürfel unterrühren. Jeweils einen Klecks saure Sahne in die Suppe geben. Die Kartoffeln mit der Petersilie bestreut servieren.

TIPP Dieser köstliche Eintopf eignet sich hervorragend zum Mitnehmen an den Arbeitsplatz. Bereiten Sie darum gleich die doppelte Menge zu. Am Morgen die zweite Hälfte kurz erhitzen und in ein Thermogefäß füllen. Bis zum Mittag bleibt so das Essen heiß.

Feine Kartoffel-Suppe

KH

Für 2 Personen ► gelingt leicht
30 Min.

300 g mehligkochende Kartoffeln
1 kleines Bund Petersilie
1 EL Butter
400 ml Gemüsebrühe
2 Möhren
Meersalz
100 g Erbsen (TK)
3 EL Sahne

Die Kartoffeln waschen, schälen und würfeln. Die Petersilie waschen und fein hacken. Die Kartoffeln in der Butter unter Rühren anbraten, die Gemüsebrühe dazugießen und die Suppe zugedeckt etwa 20 Min. köcheln. In der Zwischenzeit die Möhren waschen, putzen und in kleine Würfel schneiden. In wenig Salzwasser in 6–8 Min. leise kochen lassen, dann die Erbsen dazugeben und weitere 6–8 Min. garen. Die Kartoffelsuppe mit dem Schneidstab pürieren und mit der Sahne verfeinern. Möhren und Erbsen zusammen mit dem Kochwasser in die Suppe geben und diese mit der Petersilie bestreut servieren.

Kartoffel-Pilz-Käse-Pfanne

KH

Für 2 Personen ► gelingt leicht
30 Min.

400 g Pellkartoffeln
1 Zwiebel
150 g kleine Champignons
1 EL Öl (z. B. Sonnenblumenöl)
Pfeffer
Kräutersalz
1 TL getrockneter Thymian
1 kleines Bund Rucola
120 g Schafskäse

Die Kartoffeln schälen und grob würfeln. Die Zwiebel abziehen und fein würfeln. Die Champignons putzen, abreiben und grob würfeln. Das Öl in einer beschichteten Pfanne erhitzen. Zwiebelwürfel und Champignons dazugeben und unter Rühren 5 Min. braten. Die Kartoffeln zufügen, mit Pfeffer, Kräutersalz und Thymian würzen und unter gelegentlichem Wenden garen. Vom Rucola die harten Stiele entfernen, die Blättchen in feine Streifen schneiden und unter die Kartoffeln geben. Den Käse gleichmäßig darüber zerbröseln und die Kartoffelpfanne sofort servieren.

Dänischer Eiersalat

E

Für 2 Personen ► gelingt leicht
30 Min.

4 Eier
50 g geräucherter Lachs
1 Gewürzgurke
1 kleine rote Paprikaschote
50 g geschälte, gegarte Krabben
1 kleiner Kopfsalat
3 Zweige Petersilie
150 g Joghurt
2 EL saure Sahne
1 TL Senf
1 TL Essig
Kräutersalz
1 TL Currypulver

Die Eier hart kochen, abschrecken, schälen und grob hacken. Den Lachs in kleine Würfel schneiden. Die Gurke fein hacken. Die Paprika waschen, halbieren, putzen und klein würfeln. Eier, Lachs, Gurke, Paprika und Krabben in einer Schüssel mischen. Die Salatblätter putzen und waschen, auf einer Platte fächerförmig ausbreiten und den Eiersalat darauf anrichten. Für das Dressing die Petersilie waschen und fein hacken. Joghurt mit Sahne, Senf, Essig, Kräutersalz und Currypulver verrühren. Das Dressing über den Salat gießen und mit der Petersilie bestreut servieren.

Fisch mit Kopfsalat an Buttermilchdressing

E

Für 2 Personen ► gelingt leicht
30 Min.

1 Kopfsalat
4 EL Mais (TK)
1 kleines Bund glatte Petersilie
3 EL Zitronensaft
120 ml Buttermilch
einige Tropfen Stevia flüssig oder
½ TL flüssiger Honig
Meersalz
2 Scheiben Schwertfisch à 180 g
2 Knoblauchzehen
1 EL Olivenöl

Den Salat putzen, waschen, trocknen und in mundgerechte Stücke zerpflücken. Mit dem Mais in einer Schüssel mischen. Für das Dressing die Petersilie waschen und hacken. Den Zitronensaft mit Buttermilch, Stevia bzw. Honig, Salz und Petersilie kräftig verrühren. Den Salat damit anmachen. Die Fischscheiben abbrausen, trockentupfen und salzen. Den Knoblauch abziehen und grob hacken. Das Öl in einer beschichteten Pfanne erhitzen und den Knoblauch darin kurz anbraten. Den Fisch dazugeben und von jeder Seite etwa 3–4 Min. braten. Fisch mit dem Salat servieren.

Wok-Garnelen à le Julienne

E

Für 2 Personen
► gut vorzubereiten
30 Min.

1 Stange Lauch
1 kleine Knolle Sellerie
4 Möhren
Meersalz
1 EL Öl
350 g geschälte rohe Garnelen
(ersatzweise Krabben)
2 EL Sojasauce
1 TL Sambal Oelek
einige Zweige Koriander

Den Lauch putzen und gründlich waschen. Sellerie und Möhren schälen. Lauch, Sellerie und Möhren zuerst in 3 cm lange Stücke, danach in schmale Streifen schneiden. Die Gemüsestreifen in kochendem, leicht gesalzenem Wasser etwa 2 Min. blanchieren, in ein Sieb geben und gut abtropfen lassen. Das Öl im Wok erhitzen, Garnelen zufügen und bei starker Hitze 1 Min. scharf anbraten. Das blanchierte Gemüse dazugeben und weitere 3–4 Min. unter Rühren braten. Mit Sojasauce und Sambal Oelek würzen. Mit Koriander garnieren.

Lauchcremesuppe mit Croûtons

KH

Für 2 Personen ► preisgünstig
30 Min.

300 g Kartoffeln
1 große Stange Lauch
2½ EL Butter
1 EL Gemüsebrühe
1 Vollkornbrötchen
2 EL Sahne
Pfeffer
Meersalz

Kartoffeln schälen, waschen und in kleine Würfel schneiden. Den Lauch putzen, längs vierteln, gründlich waschen und in kleine Streifen schneiden. 1 EL Butter in einem Topf schmelzen lassen und die Kartoffeln und den Lauch darin unter Rühren einige Minuten dünsten. Mit Wasser gut bedecken und mit der Gemüsebrühe würzen. Die Suppe zugedeckt etwa 20 Min. leise kochen lassen. Das Brötchen in kleine Würfel schneiden. Die restliche Butter in einer beschichteten Pfanne schmelzen lassen und die Brötchenwürfel darin rundum knusprig braten. Die Suppe pürieren und die Sahne unterrühren. Mit Pfeffer und Salz abschmecken. Die Suppe mit Croûtons bestreut servieren.

30

Brokkoli-Hackfleisch-Auflauf

E

Für 2 Personen ► gut vorzubereiten
30 Min.

500 g Brokkoli
Meersalz
1 Zwiebel
3 Tomaten
1 Zweig Liebstöckel
1 EL Öl
350 g Hackfleisch
2 EL Tomatenmark
1 TL Sambal Oelek
1 TL Paprikapulver
150 ml Gemüsebrühe
Kräutersalz
1 EL saure Sahne
125 g Gouda in Scheiben

Brokkoli waschen, putzen und in kleine Röschen teilen. Die Stiele schälen und in kleine Stücke schneiden. Beides in kochendem Salzwasser 3–4 Min. bissfest garen, dann abtropfen lassen. Den Backofen auf 200 °C vorheizen. Die Zwiebel würfeln. Tomaten überbrühen, häuten und grob würfeln. Den Liebstöckel waschen und sehr fein hacken. Das Öl in einer Pfanne erhitzen. Die Zwiebelwürfel darin anbraten, Hackfleisch dazugeben und unter Rühren krümelig anbraten. Tomaten, Tomatenmark und Liebstöckel dazugeben, mit Sambal Oelek und Paprikapulver scharf würzen. Gemüsebrühe angießen, salzen und die Sahne unterrühren. Den Brokkoli in eine Auflaufform geben und die Hackfleischsauce darüber verteilen. Mit dem Käse belegen. Im Backofen etwa 12–15 Min. überbacken.

Würzige Hähnchenstreifen mit zartem Mandel-Gemüse

E

Für 2 Personen ► gut vorzubereiten
30 Min.

300 g Brokkoli
300 g Blumenkohl
Meersalz
350 g Hähnchenbrust
frischer Pfeffer aus der Mühle
60 g Rinderschinken, dünn geschnitten
1 EL Sonnenblumenöl
3 EL Mandelblättchen
2 EL Butter

Brokkoli und Blumenkohl waschen, putzen und in kleine Röschen teilen. Das Gemüse in kochendem Salzwasser bissfest garen. Die Hähnchenbrust in daumendicke Streifen schneiden, mit Pfeffer und Salz würzen und mit dem Schinken umwickeln. Den Schinken mit Zahnstochern feststecken. Das Öl in einer beschichteten Pfanne erhitzen und das umwickelte Fleisch darin unter Wenden von jeder Seite etwa 3–4 Min. braten. Dann aus der Pfanne nehmen, im Backofen bei 50 °C warm stellen und 5 Min. ruhen lassen. Die Mandelblättchen in einer beschichteten Pfanne goldbraun rösten. Die Butter zufügen und aufschäumen lassen. Das Gemüse aus dem Wasser heben, gut abtropfen lassen und mit der Mandelbutter begießen. Die Fleischstreifen zusammen mit dem Gemüse servieren.

Würzige Hähnchenstreifen mit zartem Mandel-Gemüse

Pikantes Puten-Saltimbocca mit Blattsalat

E

Für 2 Personen ► gut vorzubereiten
30 Min.

1 Kopf Friséesalat
1 Radicchio
30 g Feldsalat
10 Kirschtomaten
1 kleines Bund Petersilie
2 EL Sonnenblumenöl
1 EL Balsamico-Essig
Meersalz
Pfeffer
4 Putenschnitzel à 75 g
1–2 TL gelbe Currypaste
4 Scheiben Rinderschinken

Die Salate gründlich putzen, waschen, abtropfen lassen und in mundgerechte Stücke zerpflücken. Die Tomaten waschen und halbieren. Petersilie waschen, trockenschütteln und fein hacken. Den Salat und die Tomaten dekorativ auf einer Platte anrichten, mit 1 EL Öl und dem Essig beträufeln, leicht salzen, pfeffern und mit der Hälfte der Petersilie bestreuen. Das Fleisch waschen, mit Küchenpapier trockentupfen und zwischen Klarsichtfolie flach klopfen. Dünn mit der Hälfte der Currypaste bestreichen und die restliche Petersilie gleichmäßig darauf verteilen. Mit dem Schinken belegen und mit Zahnstochern feststecken. Das restliche Öl in einer Pfanne erhitzen und das Fleisch darin von jeder Seite etwa 3 Min. braten. Das Saltimbocca zusammen mit dem Salat servieren.

Geflügelbratwurst mit Bauernsalat

E

Für 2 Personen ► gelingt leicht
30 Min.

300 g Blumenkohl
Meersalz
1 Salatherz
1 kleines Bund Rucola
1 Zwiebel
3 Tomaten
1 Stück Salatgurke (10 cm)
1 kleines Bund Radieschen
1 kleines Bund Salatkräuter (Schnittlauch, Petersilie, Borretsch, Sauerampfer)
6 EL Schmand
1 EL weißer Balsamico-Essig
1 TL Senf
Kräutersalz
1 EL Sonnenblumenöl
4 Geflügelbratwürste

Den Blumenkohl putzen, waschen und in kleine Röschen schneiden. In wenig Salzwasser bissfest garen, mit dem Schaumlöffel herausnehmen und abkühlen lassen. Salatherz und Rucola waschen und in mundgerechte Stücke zupfen. Die Zwiebel in dünne Ringe schneiden. Die Tomaten waschen und in kleine Stücke schneiden. Die Gurke schälen und fein hobeln. Die Radieschen putzen, waschen und fein stifteln. Alles dekorativ auf einer Platte anrichten. Für das Dressing die Kräuter waschen und fein hacken. Schmand mit Essig, Senf, Kräutersalz und 5 EL Wasser verrühren. Die Kräuter in die Sauce rühren und das Dressing über den Salat gießen. Das Öl in der Pfanne erhitzen und die Bratwürste darin von allen Seiten braun braten. Zusammen mit dem Salat servieren.

Hähnchencurry mit Ananas-Lauch-Gemüse

E

Für 2 Personen ► gut vorzubereiten
30 Min.

300 g Hähnchenbrust
2 Frühlingszwiebeln
150 g Champignons
1 EL Öl
Meersalz
2 TL Curry
1 Msp. Cayennepfeffer
3 EL Sahne
2 frische Ananasscheiben
2 Stangen Lauch
1 EL Butter
1 EL Crème fraîche

Das Fleisch kurz waschen, trockentupfen und würfeln. Frühlingszwiebeln putzen und waschen. Das Grün in Röllchen, das Weiße in kleine Würfel schneiden. Die Champignons säubern und in Scheiben schneiden. Das Öl in einer Pfanne erhitzen und das Fleisch darin von allen Seiten kräftig anbraten. Zwiebeln und Champignons hinzufügen und alles unter Rühren kurze Zeit schmoren lassen. 150 ml Wasser dazugießen, mit Salz, 1 TL Currypulver und Cayennepfeffer würzen, die Sahne einrühren und offen 10 Min. köcheln lassen. Die Ananasscheiben (ohne Schale und Strunk) fein würfeln. Den Lauch waschen und in schmale Ringe schneiden. Die Butter in einem Topf schmelzen. Ananas und Lauch darin bei schwacher Hitze 5 Min. dünsten. Mit Salz und restlichem Curry würzen und bei mäßiger Hitze zugedeckt etwa 5–7 Min. köcheln lassen. Mit der Crème fraîche verfeinern und zusammen mit dem Hähnchencurry servieren.

Omelett-Pilz-Salat mit Rinderschinken

E

Für 2 Personen ► gelingt leicht
30 Min.

50 g Rinderschinken
4 Eier
250 g frische Pilze
(z. B. Pfifferlinge oder Champignons)
1 EL Butter
Pfeffer
Meersalz
1 kleiner Kopfsalat
1 EL Essig
1 EL Öl
2 EL Schnittlauchröllchen

Den Schinken in kleine Würfel schneiden. Die Eier verquirlen und leicht salzen. Die Pilze putzen, abreiben und in kleine Stücke schneiden. Die Butter in einer beschichteten Pfanne nicht zu stark erhitzen und die Pilze darin unter Rühren etwa 8 Min. braten. Mit Pfeffer und Salz würzen, dann die Pilze aus der Pfanne nehmen und auskühlen lassen. Die Schinkenwürfel im restlichen Bratfett kurz anbraten. Die Eier zum Schinken in die Pfanne gießen und zugedeckt bei schwacher Hitze zu einem festen Omelett braten. Danach auskühlen lassen und grob würfeln. Die Salatblätter putzen, waschen und auf einer Platte fächerförmig ausbreiten. Mit Essig und Öl beträufeln und mit Pfeffer und Salz würzen. Die gebratenen Pilze und die Omelettstücke darauf anrichten. Mit den Schnittlauchröllchen bestreut servieren.

Pestoröllchen mit Grillpaprika

E

Für 2 Personen ► gelingt leicht
30 Min.

2 EL Pinienkerne
1 kleines Bund Basilikum
1–2 Knoblauchzehen
3 EL Olivenöl
1 EL Parmesan
Meersalz
1 TL Sambal Oelek
2 Putenschnitzel à 180 g
3 rote Paprikaschoten
1 EL getrockneter Thymian

Die Pinienkerne in einer Pfanne ohne Fett kurz rösten. Basilikum waschen und trockenschütteln. Den Knoblauch abziehen und grob hacken. Pinienkerne, Basilikumblättchen, Knoblauch, 1 EL Olivenöl, Parmesan, Salz und Sambal Oelek mit dem Schneidstab fein pürieren. Die Putenschnitzel waschen, trockentupfen und zwischen Klarsichtfolie flach klopfen. Das Pesto gleichmäßig auf dem Fleisch verteilen, zusammenrollen und mit Zahnstochern feststecken. 1 EL Öl in einer Pfanne erhitzen und die Röllchen darin von allen Seiten braten. Die Paprikaschoten waschen, halbieren, putzen und in Streifen schneiden. Den Backofen auf 180 °C vorheizen. Paprikastreifen auf ein mit Backpapier ausgelegtes Backblech legen, mit dem restlichen Öl beträufeln, salzen und mit Thymian bestreuen. Im Backofen etwa 15 Min. grillen. Die Paprikastreifen auf einer Platte anrichten. Die Pestoröllchen in breite Scheiben schneiden und zusammen mit dem Gemüse servieren.

Lammkotelett mit Grilltomaten

E

Für 2 Personen ► gelingt leicht
30 Min.

2 Knoblauchzehen
4 Zweige Petersilie
1 Zweig Rosmarin
2 EL Olivenöl
Meersalz
1 TL getrockneter Thymian
6 Tomaten
6 Lammkoteletts
frischer Pfeffer aus der Mühle

Den Knoblauch abziehen und durch eine Presse drücken. Petersilie waschen, trockenschütteln und fein hacken. Die Rosmarinnadeln fein hacken. Alles zusammen mit der Hälfte des Öls, dem Salz und Thymian mischen. Den Backofen auf 180 °C vorheizen. Die Tomaten waschen, quer halbieren und mit der Schnittseite nach oben auf ein Backblech legen. Die Würzmischung gleichmäßig auf die halbierten Tomaten verteilen und leicht andrücken. Im Backofen 15–18 Min. braten, bis die Tomatenhaut leicht braun wird. Die Lammkoteletts kalt abwaschen und mit Küchenpapier trocknen. Mit Pfeffer und Salz würzen. Das restliche Öl in einer Pfanne erhitzen und die Koteletts von jeder Seite 3–4 Min. braten. Zusammen mit den Grilltomaten servieren.

Bulgurpfanne mit Tahina-Sesampaste

KH

Für 2 Portionen ► gelingt leicht
30 Min.

125 g Bulgur
2 EL Pinienkerne
1 Zwiebel
250 g Blumenkohl
250 g Salatgurke
1 große rote Paprika
2 EL Olivenöl
1 EL Tahina-Sesampaste
1 TL Curry
Meersalz
100 g Kirschtomaten

Bulgur mit 200 ml kochendem, leicht gesalzenem Wasser übergießen und zugedeckt 15 Min. quellen lassen. Pinienkerne in einer beschichteten Pfanne ohne Fett kurz rösten, dann beiseitestellen. Zwiebel schälen und klein würfeln. Blumenkohl in sehr kleine Röschen teilen. Gurke schälen, der Länge nach halbieren und die Kerne mit einem Löffel herausschaben. Gurke in kleine Würfel schneiden. Paprika putzen, waschen und ebenfalls in kleine Würfel schneiden. 1 EL Öl in einer beschichteten Pfanne erhitzen. Zwiebel- und Gemüsewürfel darin ca. 7 Min. unter Rühren bissfest braten. Bulgur untermischen. Sesampaste mit 1 EL Öl, Curry und Salz verrühren und den Bulgursalat damit würzen. Mit Pinienkernen bestreuen. Tomaten waschen, halbieren und zusammen mit dem Salat servieren.

Frühlings-Krabben-Ei-Salat

E

Für 2 Portionen ► gelingt leicht
30 Min.

2 Eier
2 Kolben Chicorée
1 Bund Radieschen
1 gelbe Paprikaschote
1 grüne Paprikaschote
1 reife Avocado
200 g Krabben
125 g Joghurt
2 EL Zitronensaft
Pfeffer
Meersalz
einige Tropfen Stevia flüssig (oder 1 TL Obstdicksaft)
2 EL gehackter Dill

Eier in ca. 9–10 Min. hart kochen, kalt abschrecken und abkühlen lassen. Anschließend schälen und achteln. Chicorée der Länge nach halbieren, den bitteren Kern herausschneiden und den Salat in schmale Streifen schneiden. Radieschen putzen und in feine Scheiben hobeln. Paprikaschoten halbieren, Trennwände und Kerne entfernen und die Schoten in kleine Stücke schneiden. Avocado halbieren, den Kern entfernen, das Fruchtfleisch aus der Schale heben und quer in dünne Spalten schneiden. Salat, Eier und Krabben auf einer Platte anrichten. Für das Dressing Joghurt mit Zitronensaft glatt rühren, mit Pfeffer, Salz und Stevia bzw. Obstdicksaft würzen und auf dem Salat verteilen. Mit dem Dill bestreut servieren.

Käse-Spargel-Tortilla mit Blattsalat

E

Für 2 Personen ► gelingt leicht
30 Min.

250 g Spargel
Meersalz
60 g Schinken (z. B. roher Rinder- oder Lammschinken)
2 EL Sonnenblumenöl
4 große Eier
2 EL Mineralwasser
3 EL geriebener Käse (z. B. Greyerzer, Gouda oder Emmentaler)
Pfeffer
1 Kopfsalat
1 kleines Bund Schnittlauch
1 EL Essig

Den Spargel schälen und in 6 bis 8 cm lange Stücke schneiden. In kochendem Salzwasser in 10–12 Min. bissfest garen, aus dem Wasser nehmen und gut abtropfen lassen. Den Schinken in kleine Würfel schneiden. Die Hälfte des Öls in einer beschichteten Pfanne erhitzen und den Schinken darin 1 Min. anbraten. Spargel dazugeben und unter Rühren 1 Min. mitbraten. Die Eier mit dem Mineralwasser verquirlen, den Käse unterrühren und alles mit Pfeffer und Salz würzen. Die Eier über das Gemüse gießen und zugedeckt bei schwacher Hitze 3–4 Min. stocken lassen. Zwischendurch die Pfanne hin und her rütteln, damit nichts anbackt. Mithilfe eines großen, flachen Topfdeckels wenden und zugedeckt weitere 2–3 Min. garen. Den Salat putzen, waschen, abtropfen lassen und in mundgerechte Stücke zerpflücken. Den Schnittlauch waschen, trockenschütteln und in feine Röllchen schneiden. Den Salat auf einer Platte anrichten, mit dem restlichen Öl und mit dem Essig beträufeln, leicht salzen und pfeffern. Den Salat mit den Schnittlauchröllchen bestreuen und zusammen mit der heißen Tortilla servieren.

Seelachs mit Sauce Tatar und Gurkensalat

E

Für 2 Personen ► gut vorzubereiten
30 Min.

2 Gewürzgurken
1 EL Kapern
200 g griechischer Joghurt
1 TL Senf
3 TL Essig
2 EL gehackte Petersilie
Pfeffer
Kräutersalz
1 Salatgurke
Meersalz
1 kleine Zwiebel
½ kleines Bund Dill
2 EL saure Sahne
2 Seelachsfilet à 200 g
1 EL Öl

Für die Sauce die Gewürzgurken und Kapern fein hacken. Alles mit dem Joghurt, Senf, 1 TL Essig, Petersilie, Pfeffer und Kräutersalz mischen. Für den Salat die Gurke schälen, in feine Scheiben hobeln und leicht salzen. Die Zwiebel abziehen und fein würfeln. Dill waschen, trockenschütteln und fein hacken. Den restlichen Essig mit 8 EL Wasser, saurer Sahne, Pfeffer und den Zwiebeln verrühren. Die Gurkenscheiben ausdrücken und unterrühren. Den Salat mit dem Dill bestreuen. Den Fisch waschen, mit Küchenpapier trockentupfen und mild salzen. Das Öl in einer Pfanne erhitzen und den Fisch darin von beiden Seiten je 4 Min. braten. Zusammen mit der Sauce Tatar und dem Gurkensalat servieren.

Gedünstete Forellen mit Zitronenmöhren

E

Für 2 Personen ► gelingt leicht
30 Min.

2 Forellen
3 Schalotten
2 EL Butter
1 l Gemüsebrühe
600 g Möhren
Meersalz
1 unbehandelte Zitrone
1 TL Honig
6 Blättchen Zitronenmelisse

Die ausgenommenen Forellen waschen und mit Küchenpapier trockentupfen. Die Schalotten abziehen und fein hacken. Die Hälfte der Butter in einem kleinen Bräter erhitzen und die Schalotten darin bei schwacher Hitze andünsten. Die Gemüsebrühe angießen und erhitzen, jedoch nicht kochen lassen. Die Fische dazugeben und zugedeckt bei mittlerer Hitze in 15–18 Min. gar ziehen lassen. Die Möhren waschen, putzen und in dünne Scheiben schneiden. In wenig Salzwasser in 12 Min. bissfest garen, aus dem Wasser nehmen und gut abtropfen lassen. Die Zitrone waschen, abtrocknen und die Schale abreiben. Eine Zitronenhälfte auspressen. Die restliche Butter und Honig in einem Topf schmelzen lassen und die Möhren darin unter Rühren zart anbraten. Zitronensaft, abgeriebene Zitronenschale und Zitronenmelisse dazugeben und alles kurz durchschwenken. Die Fische aus dem Bräter nehmen und zusammen mit den Zitronenmöhren servieren.

Fischfilets mit Buttergemüse

E

Für 2 Personen ► gut vorzubereiten
30 Min.

2 Fischfilets à 200 g
(z. B. Kabeljau, Rotbarsch oder Schellfisch)
1 EL Öl
Pfeffer
Meersalz
2 Scheiben Zitrone
2 Zweige Dill
3 Möhren
250 g Blumenkohl
100 g Erbsen (TK)
100 g Maiskörner (TK)
40 g Kräuterbutter

Den Backofen auf 200 °C vorheizen. Zwei ausreichend große Stücke Alufolie und Backpapier zuschneiden und mit dem Öl einfetten. Den Fisch waschen, mit Küchenpapier trockentupfen und mit Pfeffer und Salz würzen. Den Fisch zuerst auf das Backpapier, dann auf die Folie legen, mit je einer Zitronenscheibe und einem Zweig Dill belegen. Die Folie gut verschließen und im Backofen 20 Min. garen. Die Möhren waschen, putzen und in Scheiben schneiden. Den Blumenkohl putzen, waschen und in kleine Röschen schneiden. Das Gemüse in kochendem Salzwasser 8 Min. garen, dann die Erbsen und Maiskörner dazugeben und weitere 5–8 Min. leise kochen lassen. Das Gemüse aus dem Wasser heben und gut abtropfen lassen. Die Kräuterbutter auf dem Gemüse schmelzen lassen. Den Fisch aus dem Ofen nehmen und vorsichtig die Folie entfernen. Zusammen mit dem Buttergemüse servieren.

Dill-Schmorgurken mit Lachsfilet

E

Für 2 Personen ► gelingt leicht
30 Min.

1 Zwiebel
600 g Schmorgurke oder Salatgurke
1 Bund Dill
2 EL Öl
Pfeffer
Meersalz
400 g Lachsfilet
1 unbehandelte Zitrone
2 EL Frischkäse

Die Zwiebel abziehen und fein hacken. Die Gurke schälen, halbieren und in kleine Würfel schneiden. Den Dill waschen, trockenschütteln und fein hacken. Die Hälfte des Öls in einer Pfanne erhitzen und die Zwiebel darin glasig dünsten. Die Gurkenwürfel dazugeben, mit Pfeffer und Salz würzen und unter gelegentlichem Umrühren 8–10 Min. schmoren lassen. Das Lachsfilet kurz waschen, mit Küchenpapier trockentupfen und zart salzen. Die Zitrone in Scheiben schneiden. Das restliche Öl in einer zweiten Pfanne erhitzen und mit den Zitronenscheiben auslegen. Den Fisch auf die Zitronenscheiben legen und in der geschlossenen Pfanne 8–10 Min. dünsten. Den Frischkäse unter die Schmorgurke rühren und mit dem Dill bestreuen. Den Fisch aus der Pfanne nehmen und zusammen mit der Schmorgurke servieren.

Die häufigsten Fragen zur Trennkost

Worauf beruht das Prinzip?

Trennkost ist keine Diät, sondern eine auf Dauer angelegte Ernährungsform. Das Prinzip beruht darauf, dass man überwiegend eiweißhaltige und kohlenhydrathaltige Speisen, z. B. Fleisch mit Kartoffeln, nicht innerhalb einer Mahlzeit zusammen isst. Die Begründung hierfür liegt darin, dass Eiweiße in einem sauren und Kohlenhydrate in einem basischen Milieu vorverdaut werden. Nimmt man beides gleichzeitig, sprich Mischkost zu sich, dann kommt es nach dem Essen oft zu einer bleiernen Müdigkeit, aber auch zu Sodbrennen oder anderen Verdauungsstörungen.

Was sind die Vorteile der Trennkost?

Trennkost-Mahlzeiten machen satt und zufrieden! Das Trennkost-Prinzip berücksichtigt den menschlichen Verdauungsapparat in seiner Funktionsweise, der Insulinspiegel wird niedrig gehalten, sodass es nicht zu den gefürchteten Heißhungerattacken kommen kann. Die harmonische Zusammenstellung der Speisen bewirkt zudem eine schnellere Darmentleerung und verhindert gleichzeitig einen aufgeblähten Leib. Körperfett und Wassereinlagerungen werden durch diese Ernährungsform systematisch abgebaut, wobei die Muskelmasse erhalten bleibt.

Gibt es Lebensmittel, die tabu sind?

Fast Food, Fertiggerichte und Zucker sollten im Rahmen der Trennkost gemieden werden. Vielleicht bedauern auch manche, dass man auf Schweinefleisch verzichten und den Alkoholkonsum einschränken sollte. Aber dies alles gilt ja im Allgemeinen immer für eine gesunde Ernährungsweise.

Wie viel kann ich in vier Wochen abnehmen?

Es kommt natürlich auf das Ausgangsgewicht an, aber im Normalfall können es bis zu 6 Kilo sein.

Können Mangelerscheinungen auftreten?

Ganz klar nein! Im Gegenteil! Diese Ernährungsform ist voller Mineralstoffe, Vitamine, Enzyme und Spurenelemente. Auch Ballaststoffe, Eiweiß, Kohlenhydrate und gesunde Fette kommen nicht zu kurz. Bei Trennkost bekommt der Körper alles, was er braucht – nur eben nicht alles zur gleichen Zeit gemeinsam auf einem Teller.

Warum hilft Trennkost beim Abnehmen?

Trennkost hält den Blutzuckerspiegel konstant. Mischkost – und das ist inzwischen wissenschaftlich bewiesen – erhöht oftmals unnötig stark den Blutzucker, was eine Unterzuckerung zur Folge hat und Heißhunger verursacht. Und Heißhunger erschwert das Abnehmen. Zudem ist die Trennkost sehr kaliumreich. Ohne Kalium ist eine Gewichtsabnahme fast nicht möglich. Einzig dieser Mineralstoff ist fähig, den Zucker (durch kohlenhydrathaltige Mahlzeiten) aus dem Blut in unsere Energiespeicher, in die Muskeln und die Leber zu transportieren. Fehlt Kalium, werden die Zuckerstoffe mit Hilfe von Insulin und Fettsäuren in Körperfett umgewandelt. Dies erklärt, warum man beim Trennkost-Prinzip auch am Abend Kohlenhydrate essen kann und trotzdem abnimmt.

Wie motiviert man sich dranzubleiben?

Da sich bei der Trennkost schon nach sehr kurzer Zeit ein sichtbarer und spürbarer Erfolg einstellt, folgt die Motivation automatisch.

Kann Trennkost auch bei Krankheiten helfen?

Ja, unbedingt! Gerade Menschen mit einem empfindlichen Verdauungssystem erfahren sehr schnell die gute Bekömmlichkeit dieser Ernährungsumstellung. Sodbrennen bzw. saures Aufstoßen gehören in kürzester Zeit der Vergangenheit an. Da diese Ernährungsform zudem das Säure-Basen-Gleichgewicht beachtet, wird der Körper auf schonende Weise entgiftet und entsäuert. Die Trennkost führt außerdem zu einer sehr guten Entwässerung und entlastet damit Nieren, Herz und Kreislauf.

Pangasiusfilet mit Apfel-Lauch-Gemüse

E

Für 2 Personen ► gut vorzubereiten
45 Min.

2 Stangen Lauch
1 großer säuerlicher Apfel
1 EL Butter
1 EL Rosinen
½ TL Kardamom
Meersalz
2 Pangasiusfilets à 200 g
1 TL Curry
1 EL Öl
2 EL Sahne

Den Lauch putzen, der Länge nach aufschneiden, waschen und in schmale Streifen schneiden. Den Apfel waschen, vierteln, schälen und das Kerngehäuse entfernen. Die Apfelstücke in kleine Würfel schneiden. Die Butter in einer Pfanne erhitzen. Apfelstücke und Lauch darin unter Rühren anbraten. Die Rosinen dazugeben und alles mit Kardamom und Salz würzen. Weitere 5–8 Min. garen lassen. Die Fischfilets waschen, mit Küchenpapier trockentupfen und in Stücke schneiden. Mit Curry und Salz würzen. Das Öl in einer weiteren Pfanne erhitzen und die Fischstücke darin von jeder Seite etwa 2–3 Min. braten. Die Sahne unter das Gemüse rühren, nochmals abschmecken und zusammen mit dem Fisch servieren.

Tolle Rezepte für 45 Minuten

Gemüse-Nudel-Auflauf mit Mozzarella

KH

Für 2 Personen ► gelingt leicht
45 Min.

160 g kleine Röhrennudeln
Meersalz
1 Zwiebel
1 Knoblauchzehe
1 Zucchini
200 g Champignons
1 EL Öl
frischer Pfeffer aus der Mühle
125 g Mozzarella

Die Nudeln in reichlich leicht gesalzenem kochendem Wasser bissfest garen, dann abgießen und abtropfen lassen. Die Zwiebel abziehen und in dünne Ringe schneiden. Den Knoblauch abziehen und grob hacken. Zucchini waschen, putzen und in Scheiben schneiden. Die Champignons putzen, abreiben und grob würfeln. Den Backofen auf 180 °C Grad vorheizen. Das Öl in einer beschichteten Pfanne erhitzen, Zwiebeln und Knoblauch darin glasig dünsten. Zucchini und Pilze zufügen und unter Rühren etwa 5 Min. kräftig braten. Nudeln unterheben, alles mit Pfeffer und Salz würzen, dann in eine Auflaufform geben. Den Mozzarella abtropfen lassen, in Scheiben schneiden und gleichmäßig auf den Nudeln verteilen. Im Backofen etwa 15 Min. überbacken, bis der Käse geschmolzen ist.

Gemüse-Nudel-Salat mit Käse und Salami

KH

Für 2 Personen ► gut vorzubereiten
45 Min.

160 g Hörnchennudeln
Meersalz
250 g kleine Möhren
150 g Erbsen (TK)
1 Stück Salatgurke (10 cm)
80 g Emmentaler
60 g Rindersalami
1 kleines Bund Petersilie
150 g Joghurt
1 EL Mayonnaise
Senf
1 EL Obstessig
Pfeffer
Kräutersalz

Die Nudeln in reichlich leicht gesalzenem kochendem Wasser bissfest garen, dann abgießen und abtropfen lassen. Die Möhren waschen, mit Wasser bedecken und mit der Schale in 20 Min. garen. Danach aus dem Wasser nehmen, etwas abkühlen lassen, schälen und in dünne Scheiben schneiden. Die Erbsen in wenig Salzwasser 10 Min. kochen, herausnehmen und abkühlen lassen. Das Kochwasser beiseitestellen. Die Gurke schälen und in kleine Stücke schneiden. Käse und Salami in kleine Würfel schneiden. Die Nudeln mit Möhren, Erbsen, Gurke, Käse und Salamiwürfeln mischen. Die Petersilie waschen, trockenschütteln und fein hacken. Für das Dressing den Joghurt mit der Mayonnaise, 3 EL Erbsenkochwasser, Senf, Essig, Pfeffer und Kräutersalz cremig verrühren. Das Dressing mit dem Nudelsalat mischen. Mit der Petersilie bestreut servieren.

Antipasti mit Balsamico-Nudeln

KH

Für 2 Personen ► gelingt leicht
45 Min.

160 g Penne
Meersalz
5 EL Olivenöl
1 Aubergine
2 Zucchini
1–2 Knoblauchzehen
½ kleine Chilischote
125 g Champignons
1 TL getrockneter Thymian
2 EL alter Balsamico-Essig
50 g Parmesankäse

Die Nudeln in reichlich leicht gesalzenem Wasser bissfest garen, dann abgießen, abtropfen lassen und sofort mit 1 EL Öl mischen. Aubergine und Zucchini waschen, putzen und in 1 cm dicke Scheiben schneiden. Die Auberginen mit Salz bestreuen, kurz ziehen lassen, danach mit Küchenkrepp trocknen. Knoblauch abziehen und hacken. Die Chilischote putzen, waschen und in kleine Streifen schneiden. Die Pilze putzen und grob würfeln. Auberginen- und Zucchinischeiben mit einem Pinsel von beiden Seiten mit dem restlichen Öl bestreichen. Eine große Pfanne erhitzen und das Gemüse darin von beiden Seiten braten. Anschließend herausnehmen und beiseitestellen. Im restlichen Bratfett Knoblauch, Chili und Pilze etwa 5 Min. braten. Auberginen und Zucchini dazugeben und die Nudeln unterrühren. Mit Thymian, Essig und Salz würzen. Den Parmesankäse grob darüberreiben und servieren.

Hausgemachte Vollkornspätzle mit Pfifferlingen

KH

Für 2 Personen ► braucht etwas mehr Zeit
45 Min.

2 Eigelb
Meersalz
100 g feines Dinkelvollkornmehl
1 l Gemüsebrühe
1 kleine Zwiebel
250 g Pfifferlinge
½ kleines Bund Petersilie
1 EL Sonnenblumenöl
Pfeffer
Kräutersalz
4 EL Sahne

Das Eigelb mit 100 ml Wasser und Salz verquirlen. Das Mehl unterrühren und den Teig kurze Zeit quellen lassen. Die Gemüsebrühe in einem Topf zum Kochen bringen. Den Spätzleteig portionsweise auf ein kleines, abgeflachtes Holzbrett streichen. Ein breites Messer mit stumpfer Klinke in das kochende Wasser tauchen und den Teig damit in feinen Streifen in das Wasser schaben. Die Spätzle 1–2 Min. ziehen lassen, bis sie an der Oberfläche schwimmen. Mit einem Schaumlöffel herausheben, kurz mit kaltem Wasser abbrausen und beiseitestellen. Die Zwiebel abziehen und fein würfeln. Die Pilze putzen und in Streifen schneiden. Die Petersilie waschen, trockentupfen und fein hacken. Das Öl in einer beschichteten Pfanne erhitzen, Zwiebelwürfel und Pilze darin unter Wenden 8–10 Min. braten. Die Spätzle dazugeben und mitbraten. Mit Pfeffer und Kräutersalz fein würzen. Die Sahne dazugießen, alles mischen und mit der Petersilie bestreut servieren.

Couscous-Gemüse mit Pilzen und Nüssen

KH

Für 2 Personen ► gelingt leicht
45 Min.

2 EL Haselnüsse
100 g Couscous
300 ml Gemüsebrühe
etwas Kurkuma
2 Frühlingszwiebeln
1 rote Paprikaschote
200 g Champignons
1 EL Öl
1 Zweig Minze
150 g Joghurt
Pfeffer
Kräutersalz
2 Tomaten

Die Haselnüsse grob hacken, in einer Pfanne ohne Fett kurz rösten, dann beiseitestellen. Den Couscous in die Gemüsebrühe einstreuen, Kurkuma dazugeben und alles einmal aufkochen lassen. Bei ausgeschalteter Herdplatte den Couscous 15 Min. ausquellen lassen. Die Frühlingszwiebeln putzen und waschen. Das Grün in Röllchen, das Weiße in kleine Würfel schneiden. Die Paprikaschote waschen, halbieren, putzen und klein würfeln. Die Champignons putzen und in Scheiben schneiden. Das Öl in einer Pfanne erhitzen und das Gemüse darin unter Rühren 3–4 Min. braten. Von der Kochstelle nehmen und auskühlen lassen. Die Minze in feine Streifen schneiden. Gemüse und Couscous in einer Schüssel mischen. Den Joghurt unterrühren und alles mit Pfeffer und Salz würzen. Mit der Minze und den Haselnüssen bestreut servieren, pro Portion eine in Spalten geschnittene Tomate dazu reichen.

Spanische Nudelpaella

KH

Für 2 Personen ► gelingt leicht
45 Min.

1 rote Paprikaschote
150 g Champignons
5 Stangen grüner Spargel
1 Zucchini
1 Zwiebel
2 Knoblauchzehen
1½ EL Öl
300 ml Gemüsebrühe
140 g reisförmige Nudeln (Risoni)
Pfeffer
Meersalz
1 TL Kurkuma
1 TL gerebelter Oregano

Die Paprika waschen, putzen und in 1 cm breite Streifen schneiden. Die Pilze putzen und würfeln. Den Spargel waschen und in 4 cm lange Stücke brechen. Die Zucchini putzen und würfeln. Zwiebel und Knoblauch hacken. Das Öl in einer Pfanne erhitzen und die Paprikastreifen darin 3–4 Min. braten. Dann herausnehmen und beiseitestellen. Zwiebel und Knoblauch im restlichen Bratfett glasig dünsten. Pilze, Spargel und Zucchini hinzufügen und unter Rühren 3–4 Min. scharf braten. Die Brühe angießen und aufkochen lassen. Die Nudeln unterrühren und bissfest garen. Danach weiterbraten, bis alles Wasser verdampft ist und sich am Pfannenboden eine leichte Kruste gebildet hat. Mit Pfeffer, Salz, Kurkuma und Oregano würzen. Die Paprikastreifen dekorativ auf die Paella legen und servieren.

Spanische Nudelpaella

Scharfes Couscous-Gemüse-Gratin

KH

Für 2 Personen ► gelingt leicht
45 Min.

2 EL Pinienkerne
100 g Couscous
300 ml Gemüsebrühe
1–2 Knoblauchzehen
½ Chilischote
200 g Austernpilze
2 Zucchini
1 rote Paprikaschote
1 EL Öl
Meersalz
80 g geriebener Käse (z. B. Greyerzer)

Die Pinienkerne in einer Pfanne ohne Fett kurz rösten, dann beiseitestellen. Den Couscous in die Gemüsebrühe einstreuen, alles einmal aufkochen lassen und bei ausgeschalteter Herdplatte zugedeckt 15–20 Min. lang ausquellen lassen. Knoblauch abziehen und fein hacken. Die Chilischote putzen, waschen, in Streifen schneiden und die Kerne dabei entfernen. Die Austernpilze putzen und in Streifen schneiden. Zucchini und Paprika waschen, putzen und in Würfel schneiden. Den Backofen auf 180 °C vorheizen. Das Öl in einer Pfanne erhitzen und den Knoblauch darin eine Minute dünsten. Pilze, Zucchini- und Paprikawürfel dazugeben und unter Rühren 5 Min. braten. Mit Salz würzen. Den Couscous in eine Auflaufform geben, die Pinienkerne darüberstreuen und das Gemüse darauf verteilen. Mit dem geriebenen Käse bestreuen und im Backofen etwa 15 Min. überbacken.

Orientalischer Bulgur mit Curry

KH

Für 2 Personen ► gelingt leicht
45 Min.

2 EL Pinienkerne
2 EL Rosinen
1 Zwiebel
1 EL Öl
100 g Bulgur
275 ml Gemüsebrühe
120 ml Kokosmilch
1 kleiner Blumenkohl
Meersalz
2 EL Sojacreme
1 Msp. Cayennepfeffer
½ TL Kardamom
½ TL Nelkenpulver
1–2 TL Currypulver
1 Banane

Die Pinienkerne ohne Fett in einer beschichteten Pfanne kurz rösten, dann auf einen Teller geben und beiseitestellen. Die Rosinen heiß abspülen. Die Zwiebel abziehen und fein würfeln. Das Öl in einer beschichteten Pfanne erhitzen. Zwiebel und Bulgur darin anbraten. Mit der Brühe und Kokosmilch ablöschen und bei schwacher Hitze zugedeckt 15 Min. ausquellen lassen. Den Blumenkohl waschen, putzen und in kleine Röschen teilen. In kochendem Salzwasser 8–10 Min. bissfest garen, herausnehmen und abtropfen lassen. Den Blumenkohl und die Rosinen vorsichtig unter den Bulgur heben. Die Sojacreme unterrühren und alles mit Salz, Cayennepfeffer, Kardamom, Nelken- und Currypulver würzen. Die Banane schälen und in Scheiben schneiden. Bananenscheiben auf dem Bulgur anrichten. Mit den Pinienkernen bestreut servieren.

Fruchtig-süßer Ingwer-Bulgur

KH

Für 2 Personen ► gelingt leicht
45 Min.

2 EL Mandelblättchen
2 EL Rosinen
100 g Bulgur
Meersalz
1 Zwiebel
500 g Möhren
1 mürber Apfel
1 kleines Stück Ingwer, haselnussgroß
1 EL Butter
1 Msp. Cayennepfeffer

Die Mandelblättchen in einer Pfanne ohne Fett goldbraun rösten. Die Rosinen mit kochendem Wasser übergießen, 5 Min. quellen lassen, dann abgießen und beiseitestellen. Den Bulgur in 275 ml kochendes Salzwasser geben. Zugedeckt etwa 15 Min. quellen lassen, bis das Wasser aufgesogen ist. Den Bulgur mit einer Gabel auflockern. Zwiebel und Möhren schälen und beides in kleine Würfel schneiden. Den Apfel waschen, vierteln, entkernen und in kleine Würfel schneiden. Den Ingwer schälen und sehr fein hacken. Butter in einer Pfanne schmelzen lassen, Zwiebel- und Möhrenwürfel dazugeben und unter gelegentlichem Rühren bei geringer Hitze 12–15 Min. braten. Die Apfelstücke dazugeben und weitere 5 Min. schmoren lassen. Bulgur, Rosinen und Ingwer unterrühren. Das Gericht mit Salz und Cayennepfeffer würzen. Mit den Mandelblättchen bestreut servieren.

Scharfes Paprika-Reis-Gratin

KH

Für 2 Personen ► gelingt leicht
45 Min.

120 g Parboiled Reis
Meersalz
2 Frühlingszwiebeln
1 große rote Paprikaschote
150 g Champignons
1 EL Öl
50 ml Gemüsebrühe
1–2 TL Sambal Oelek
Kurkuma
100 g geriebener Greyerzer Käse

Den Reis in einen Topf geben, mit leicht gesalzenem Wasser bedecken und bei schwacher Hitze 10 Min. köcheln lassen. Den Herd ausschalten und den Reis weitere 10 Min. quellen lassen. Den Backofen auf 200 °C vorheizen. Die Frühlingszwiebeln putzen und waschen. Das Grün in Röllchen, das Weiße in kleine Würfel schneiden. Die Paprikaschote waschen, halbieren, putzen und klein würfeln. Die Pilze putzen, abreiben und in dünne Scheiben schneiden. Das Öl in einer beschichteten Pfanne erhitzen, Zwiebeln, Paprika und Pilze darin unter Rühren etwa 5 Min. kräftig anbraten. Den Reis unter das Gemüse mischen, die Brühe dazugießen und alles mit Sambal Oelek, Kurkuma und Salz würzen. Die Gemüse-Reis-Mischung in eine Auflaufform füllen und den Käse gleichmäßig darauf verteilen. Im Backofen 12–15 Min. überbacken, bis der Käse leicht gebräunt ist.

Italienische Blechkartoffeln mit Kräuterdip

KH

Für 2 Personen ► gelingt leicht
45 Min.

400 g kleine, neue Kartoffeln
400 g Rote Bete
1 Zweig Rosmarin
2 Zweige Thymian
2 EL Öl
grobes Meersalz
14 schwarze Oliven
5 EL alter Balsamico-Essig
1 Bund gemischte Kräuter (Petersilie, Schnittlauch, Dill, Sauerampfer)
1 kleine Zwiebel
80 g saure Sahne
150 g Joghurt
Pfeffer
Kräutersalz

Den Backofen auf 200 °C vorheizen. Die Kartoffeln waschen und der Länge nach halbieren. Die Rote Bete schälen und in Spalten schneiden. Rosmarin und Thymian grob zerkleinern. Kartoffeln und Rote Bete auf ein mit Öl bestrichenes Backblech geben. Mit grobem Salz und den Kräutern bestreuen. Im Backofen auf der mittleren Schiene 25 Min. backen. Kartoffeln und Rote Bete mit einem Wender etwas auflockern, dann die Oliven dazugeben und alles mit dem Essig beträufeln. Weitere 10–15 Min. backen. In der Zwischenzeit die Kräuter waschen, verlesen und sehr fein hacken, die Zwiebel abziehen und fein würfeln. Die saure Sahne mit dem Joghurt gut verrühren. Die gehackten Kräuter und die Zwiebelwürfel untermischen. Mit Pfeffer und Kräutersalz würzen. Den Kräuterdip zusammen mit dem Gemüse servieren.

Gefüllte Paprikaschoten

KH

Für 2 Personen ► preisgünstig
45 Min.

125 g Parboiled Vollkornreis
Meersalz
2 Paprikaschoten
1 Zwiebel
200 g Champignons
2 EL Öl
125 g Erbsen (TK)
1 TL Curry
Pfeffer
einige Spritzer Worcestersauce
80 g Schafskäse
125 ml Gemüsebrühe
2 EL Sahne
2 Fleischtomaten

Den Reis in einen Topf geben, mit leicht gesalzenem Wasser bedecken, kurz aufkochen und bei schwacher Hitze 10 Min. garen lassen. Von den Paprikaschoten jeweils einen Deckel abschneiden, die Schoten entkernen und waschen. Die Zwiebel abziehen und hacken. Die Champignons putzen und in Würfel schneiden. Zwiebel und Pilze mit 1 EL Öl in einer beschichteten Pfanne anbraten. Erbsen hinzufügen, mit Curry, Pfeffer, Salz und Worcestersauce würzen und 10 Min. garen. Den Käse zerbröseln. Den Reis zusammen mit dem Käse zu dem Pilzgemüse geben, die Mischung in die Schoten füllen und die Deckel aufsetzen. Das restliche Öl in einem Topf erhitzen und die Paprikaschoten darin anbraten. Die Gemüsebrühe dazugießen und zugedeckt 20 Min. leise kochen lassen. Sahne in die Sauce rühren und die Paprikaschoten zusammen mit den Tomaten servieren.

Italienische Blechkartoffeln mit Kräuterdip

Gemüse-Reis-Auflauf mit Käsekruste

KH

Für 2 Personen ► gut vorzubereiten
45 Min.

120 g Naturreis (10 Minuten)
Meersalz
2 junge Kohlrabi
1 Stange Lauch
1 EL Butter
100 g Mais (TK)
50 ml Gemüsebrühe
5 EL Sahne
1 TL Curry
½ TL Kurkuma
100 g geriebener Emmentaler Käse

Den Reis in einen Topf geben, mit leicht gesalzenem Wasser gut bedecken, einmal aufkochen lassen und zugedeckt bei schwacher Hitze 10–12 Min. garen lassen. Die Kohlrabiknollen schälen und in kleine Würfel schneiden. Lauch putzen, waschen und in dünne Ringe schneiden. Die Butter in einer Pfanne erhitzen. Kohlrabi, Lauch und Mais darin unter Rühren 4–5 Min. braten. Den Backofen auf 180 °C vorheizen. Den Reis aus dem Wasser heben, abtropfen lassen und unter das Gemüse mischen. Die Gemüsebrühe und die Sahne dazugießen. Mit Curry und Kurkuma würzen. Die Mischung in eine Auflaufform füllen und den Käse gleichmäßig darauf verteilen. Im Backofen etwa 15 Min. überbacken.

Gratinierte Kartoffeln mit Spinat

KH

Für 2 Personen ► preisgünstig
45 Min.

400 g Kartoffeln
1 kleine Zwiebel
2 kleine Knoblauchzehen
600 g frischer Spinat
1 EL Olivenöl
Pfeffer
Meersalz
250 g Mozzarella
1 EL Crème fraîche

Die Kartoffeln mit Schale in 20 Min. garen, dann das Kochwasser abgießen. Die Kartoffeln leicht auskühlen lassen, dann der Länge nach halbieren. Zwiebel und Knoblauchzehen abziehen und fein würfeln. Den Spinat gründlich waschen und putzen. Das Öl in einem Topf erhitzen, die Zwiebel- und Knoblauchwürfel darin dünsten. Den Spinat dazugeben, kurz anbraten, dann zugedeckt zusammenfallen lassen. Die halbierten Kartoffeln mit der Schnittfläche nach oben in eine Auflaufform setzen, mit Pfeffer und Salz würzen und mit einigen gekochten Spinatblättern belegen. Den Mozzarella in Scheiben schneiden und die Kartoffeln damit belegen. Im Backofen bei 200 °C etwa 12 Min. überbacken. Crème fraîche unter den restlichen Spinat rühren und mit Salz abschmecken. Zusammen mit den Kartoffeln servieren.

Kohlrabi-Kartoffel-Gratin

KH

Für 2 Personen ► gelingt leicht
45 Min.

400 g Kartoffeln
Meersalz
2 junge Kohlrabiknollen
1 EL Butter
150 ml Gemüsebrühe
1 kleines Bund Petersilie
60 ml Sahne
60 g geriebener Greyerzer Käse
100 g Greyerzer Käse in Scheiben

Die Kartoffeln schälen, vierteln, mit Salzwasser knapp bedecken und zugedeckt in 15 Min. halbgar kochen. Kohlrabi waschen, putzen und fein würfeln. Die Butter in einem Topf schmelzen lassen. Kohlrabi darin bei mittlerer Hitze unter Rühren 3 Min. anbraten. Mit der Gemüsebrühe löschen und das Gemüse zugedeckt in 8 Min. bissfest garen. Die Petersilie waschen, trockentupfen und fein hacken. Petersilie, Sahne und den geriebenen Käse unter das Gemüse rühren. Den Backofen auf 200 °C vorheizen. Die Kartoffelstücke in eine feuerfeste Form geben. Das Gemüse zusammen mit der Käse-Sahne-Sauce gleichmäßig über die Kartoffeln verteilen und mit den Käsescheiben belegen. Den Kartoffel-Gemüse-Auflauf im Backofen 12–15 Min. überbacken.

Bunter Kartoffelsalat

KH

Für 2 Personen ► gelingt leicht
45 Min.

400 g kleine Kartoffeln
150 g Möhren
150 g Erbsen (TK)
Meersalz
1 rote Paprikaschote
100 g roher Putenlachsschinken
1 kleines Bund Petersilie
1 EL Obstessig
175 g griechischer Joghurt
1 TL Senf
Pfeffer
Kräutersalz

Die Kartoffeln mit Schale in 25 Min. garen, dann das Wasser abgießen. Die Kartoffeln leicht auskühlen lassen, schälen und in dünne Scheiben schneiden. Die Möhren putzen, waschen, schälen und in kleine Würfel schneiden. Möhren zusammen mit den Erbsen in wenig leicht gesalzenem Wasser gar dünsten, dann aus dem Wasser nehmen und gut abtropfen lassen. Etwas Kochwasser beiseitestellen. Die Paprikaschote halbieren, putzen, waschen und in kleine Würfel schneiden. Den Schinken in kleine Streifen schneiden. Die Kartoffeln mit dem Gemüse und Schinken gut vermischen. Für das Dressing die Petersilie waschen, trockenschütteln und fein hacken. Essig mit Joghurt, Senf, 3 EL Gemüsekochwasser, Pfeffer und Kräutersalz verrühren. Das Dressing mit dem Kartoffelsalat gut mischen. Mit der Petersilie bestreut servieren.

Bohnen-Hackklößchen-Auflauf

E

Für 2 Personen ► gut vorzubereiten
45 Min.

4 reife Tomaten
600 g grüne Bohnen
Meersalz
50 ml Gemüsebrühe
1 EL Tomatenmark
50 g Sahne
2 TL getrockneter Thymian
2 TL gehackter Rosmarin
Cayennepfeffer
1 Zwiebel
Pfeffer
300 g Rinderhackfleisch
1 EL Öl
50 g geriebener Käse (z. B. Gouda)

► Die Tomaten mit kochendem Wasser überbrühen, Stielansätze entfernen, häuten und grob würfeln. Die Bohnen waschen, putzen und in etwa 3 cm lange Stücke schneiden. In kochendem Salzwasser 15–18 Min. garen, dann aus dem Wasser nehmen und abtropfen lassen. ► Die Tomatenwürfel zusammen mit der Gemüsebrühe, Tomatenmark und Sahne aufkochen lassen. Die Sauce mit 1 TL Thymian, Rosmarin, Cayennepfeffer und Salz abschmecken. ► Die Zwiebel abziehen und sehr fein hacken. Zwiebel, restlichen Thymian, Pfeffer und Salz mit dem Hackfleisch mischen, dann aus dem Fleischteig kleine Kugeln formen. Das Öl in einer Pfanne erhitzen und die Klößchen darin rundum braten. Den Backofen auf 200 °C vorheizen. ► Die Bohnen zusammen mit den Klößchen in eine Auflaufform geben, die Sauce gleichmäßig darübergießen und mit dem Käse bestreuen. Im Backofen etwa 15 Min. überbacken.

Ananas-Barbecue-Spieße mit Salat

E

Für 2 Personen ► gut vorzubereiten
45 Min.

1 kleine Ananas
2 Stauden Chicorée
1 säuerlicher Apfel
1 kleine Salatgurke
3 EL Zitronensaft
3 EL Öl
einige Tropfen Stevia flüssig bzw. Honig
Meersalz
2 EL gehackte glatte Petersilie
1–2 TL Currypulver
300 g Puten- oder Rindersteak
2 rote Zwiebeln
12 Kirschtomaten

► Die Ananas schälen, halbieren, vom harten Strunk befreien und die Frucht in Würfel schneiden. Die Hälfte davon für die Spieße beiseitelegen. Den Chicorée putzen und in kleine Streifen schneiden. Den Apfel waschen, vierteln, entkernen, die Gurke schälen. Beides klein würfeln. Ananaswürfel, Chicorée, Apfel- und Gurkenwürfel in einer Schüssel mischen. ► Für das Dressing Zitronensaft mit 1 EL Öl, 3 EL Wasser, Stevia bzw. Honig und Salz verrühren. Die Sauce mit dem Salat mischen und mit der Petersilie bestreuen. Den Grill vorheizen. ► Das restliche Öl mit dem Currypulver und Salz verrühren. Das Fleisch in Würfel schneiden. Die Zwiebel abziehen und achteln. Abwechselnd Fleisch, Tomaten, Zwiebelstücke und Ananaswürfel auf Spieße stecken, mit der Marinade bestreichen und etwa 15 Min. rundum grillen. Zusammen mit dem Salat servieren.

Ananas-Barbecue-Spieße mit Salat

Gemüsepfanne mit Hackfleischsauce

E

Für 2 Personen ► gut vorzubereiten
45 Min.

1 Zucchini
1 gelbe Paprikaschote
1 rote Paprikaschote
100 g Zuckerschoten
Meersalz
2 EL Olivenöl
Pfeffer
Meersalz
1 Zwiebel
3 Tomaten
300 g Rinderhackfleisch
250 ml Gemüsebrühe
1 Zweig Rosmarin
3 Zweige Thymian
2 EL saure Sahne

Die Zucchini waschen, putzen und in Scheiben schneiden. Die Paprikaschoten halbieren, putzen, waschen und würfeln. Die Zuckerschoten waschen, putzen und kurz blanchieren. 1 EL Öl in einer Pfanne erhitzen. Das Gemüse hinzufügen und unter Wenden scharf anbraten. Mit Pfeffer und Salz würzen. Bei schwacher Hitze etwa 10 Min. dünsten. Die Zwiebel abziehen und in kleine Würfel schneiden. Die Tomaten überbrühen, häuten und würfeln. Das restliche Öl in einem Topf erhitzen und die Zwiebelwürfel darin glasig dünsten. Hackfleisch dazugeben und unter Rühren scharf anbraten. Die Tomatenstücke dazugeben und mit der Brühe auffüllen. Mit Pfeffer, Salz, Rosmarin und Thymian würzen und zugedeckt 10 Min. köcheln lassen. Die Kräuter entfernen. Die saure Sahne unterrühren und die Sauce zusammen mit der Gemüsepfanne servieren.

Puten-Souwlaki zu marinierten Zucchini und Zaziki

E

Für 2 Personen ► gut vorzubereiten
45 Min.

2 Zucchini
3 EL Öl
1 EL Balsamico-Essig
Pfeffer
Meersalz
1 TL Thymian
1 Stück Gurke (etwa 10 cm)
1–2 Knoblauchzehen
125 g Joghurt
125 g Quark
350 g Putenbrust
1 TL Gyrosgewürz

Zucchini putzen, waschen und in 1 cm dicke Scheiben schneiden. 1 EL Öl in einer Pfanne erhitzen und das Gemüse darin unter Wenden 5–8 Min. braten. Für die Marinade den Essig mit 1 EL Öl, 2 EL Wasser, Pfeffer, Salz und Thymian kräftig mischen. Zucchini aus der Pfanne nehmen, auf eine Platte geben und mit der Marinade beträufeln. Für das Zaziki die Gurke schälen und grob raspeln. Den Knoblauch abziehen und durch eine Presse drücken. Joghurt mit dem Quark cremig verrühren. Gurkenraspel und Knoblauch unterrühren und mit dem Salz abschmecken. Den Grill vorheizen. Das Fleisch in mundgerechte Würfel schneiden. Die Fleischwürfel auf Spieße stecken, mit dem restlichen Öl bestreichen und mit Gyrosgewürz würzen. Die Spieße in den Grill legen und etwa 15 Min. rundum grillen. Zusammen mit den marinierten Zucchini und Zaziki servieren.

Gefüllte Tomaten in Gemüsesauce

E

Für 2 Personen ► gelingt leicht
45 Min.

1 große Zwiebel
400 g Möhren
4 Tomaten
300 g Rinderhackfleisch
1 kleines Ei
Meersalz
Pfeffer
2 TL getrockneter Thymian
1 EL Öl
50 ml Rotwein
1 TL Gemüsebrühe, instant
einige Basilikumblättchen
2 EL Sojacreme

Die Zwiebel abziehen und fein hacken. Die Möhren waschen, schälen und in Würfel schneiden. Von den Tomaten jeweils einen Deckel abschneiden und mit einem Löffel das Fruchtfleisch herausschaben. Das Hackfleisch mit dem Ei und 2 EL Zwiebelwürfeln verkneten. Mit Salz, Pfeffer und etwas Thymian würzen. Das Fleisch in die Tomaten füllen und den Deckel obenaufsetzen. Das Öl in einem Bräter erhitzen. Die restlichen Zwiebeln zusammen mit den Möhren darin unter Rühren kräftig anbraten. Das Fruchtfleisch der Tomaten unterrühren, den Rotwein dazugießen und alles mit Thymian, Brühpulver und Pfeffer würzen. Die gefüllten Tomaten in die Gemüsesauce setzen und zugedeckt 25–30 Min. köcheln lassen. Die Tomaten aus dem Bräter nehmen, auf einer Platte anrichten und mit den Basilikumblättchen garnieren. Die Sojacreme in die Sauce rühren. Zusammen mit den gefüllten Tomaten servieren.

Exotischer Geflügelsalat

E

Für 2 Personen ► gut vorzubereiten
45 Min.

350 g Hühnerbrust
Meersalz
200 g Knollensellerie
3 Mandarinen
3 EL Walnüsse
½ kleines Bund Petersilie
125 g Joghurt
2 EL saure Sahne
1 TL Curry
Pfeffer
Kräutersalz
einige Spritzer Worcestersauce
1 EL Ketchup, natriumarm
1 kleiner Kopfsalat

Das Fleisch in kochendem, leicht gesalzenem Wasser in etwa 35 Min. garen. Anschließend auskühlen lassen und in Würfel schneiden. Den Sellerie putzen, waschen und in feine Stifte raspeln. 2 Mandarinen schälen und in kleine Stücke schneiden. Die dritte Mandarine auspressen. Die Nüsse grob hacken. Die Petersilie waschen, trockenschütteln und fein hacken. Für das Dressing den Mandarinensaft mit dem Joghurt, der sauren Sahne, Curry, Pfeffer, Salz, Worcestersauce und Ketchup verrühren. Sellerie, Mandarinenstückchen, Nüsse und Fleischwürfel unterheben. Den Salat putzen, waschen, abtropfen lassen, in mundgerechte Stücke zerpflücken und dekorativ auf eine Platte legen. Den Geflügelsalat darauf anrichten und mit der Petersilie bestreut servieren.

Cevapcici mit Krautsalat

E

Für 2 Personen ► gut vorzubereiten
45 Min.

1 kleiner Kopf Weißkohl
Meersalz
1 EL Obstessig
1 EL Öl
200 g griechischer Joghurt
1 TL Senf
1 TL Kümmel
Pfeffer
Kräutersalz
1 TL Rosenpaprika
1 kleine Zwiebel
1–2 Knoblauchzehen
350 g Rinderhackfleisch
1 TL Thymian

Den Kohl in einen Topf geben, mit Wasser bedecken und 15–20 Min. kochen lassen. Dann herausheben und abkühlen lassen. Den Weißkohl vierteln, den harten Strunk herauslösen und den Kohl in dünne Streifen hobeln. Anschließend mit Salz bestreuen und leicht drücken, bis das Kraut geschmeidig ist. Essig und Öl mit Joghurt und Senf cremig verrühren. Mit Kümmel, Pfeffer und Kräutersalz würzen. Den Kohl mit dem Dressing mischen und mit Rosenpaprika bestreuen. Für die Cevapcici die Zwiebel abziehen und fein hacken. Den Knoblauch abziehen und durch eine Presse drücken. Zwiebel und Knoblauch mit dem Hackfleisch mischen und mit Salz, Thymian und Pfeffer kräftig würzen. Aus dem Fleischteig kleine Röllchen formen und auf dem Grill rundum von allen Seiten knusprig braten. Zusammen mit dem Krautsalat servieren.

Gyros mit Bauernsalat

E

Für 2 Personen ► gut vorzubereiten
45 Min.

350 g Hähnchenschnitzel
2 EL Olivenöl
grober Pfeffer und Meersalz
2 TL Paprikapulver
1 TL Gyrosgewürz
1 TL getrockneter Thymian
1 große Zwiebel
2 Knoblauchzehen
40 g Feldsalat
1 kleine Salatgurke
3 Tomaten
1 kleines Bund Radieschen
4 EL Schmand
1 EL Zitronensaft
1 TL Senf
2 EL gehackte Petersilie

Das Fleisch waschen, trockentupfen, dann in schmale Streifen schneiden. Öl mit Pfeffer, Paprikapulver, Gyrosgewürz und Thymian verrühren und das Fleisch darin etwa 30 Min. marinieren. Zwiebel und Knoblauch grob hacken. Den Feldsalat putzen und waschen. Die Gurke schälen und grob würfeln. Tomaten und Radieschen waschen und in Scheiben schneiden. Die Salatzutaten zusammen mit der Hälfte der Zwiebelwürfel in einer Schüssel mischen. Schmand mit Zitronensaft, 5 EL Wasser, Senf, Petersilie, Salz und Pfeffer verrühren. Das Dressing über den Salat gießen. Das marinierte Fleisch scharf anbraten. Die restlichen Zwiebelwürfel und den Knoblauch dazugeben und unter Rühren goldbraun braten. Mit Pfeffer, Salz und Thymian würzen. Das Gyros zusammen mit dem Salat servieren.

Überbackene Schinken-Lauch-Röllchen

E

Für 2 Personen ► gut vorzubereiten
45 Min.

4 mittelgroße Stangen Lauch
Meersalz
200 ml Gemüsebrühe
50 ml Sahne
30 g Schmelzkäse
Pfeffer
Muskat
4 Scheiben gekochter Schinken
(z. B. Rinder- oder Putenschinken)
80 g Käse, in dünne Scheiben geschnitten
(z. B. Gouda oder Harvarti)
2 EL Mandelblättchen

Vom Lauch die grünen, harten Blätter entfernen und nur den zarten weißen Teil verwenden. Diesen putzen, gründlich waschen und im kochenden, leicht gesalzenen Wasser 4–5 Min. blanchieren. Die Stangen herausnehmen und abtropfen lassen. Die Gemüsebrühe mit der Sahne erhitzen, den Schmelzkäse dazugeben und unter Rühren langsam schmelzen lassen. Mit Pfeffer, Salz und Muskat abschmecken. Den Backofen auf 180 °C vorheizen. Jeweils eine Lauchstange mit einer Scheibe Schinken umwickeln und in eine flache Auflaufform legen. Die Sauce darübergießen und den Käse gleichmäßig damit belegen. Im Backofen etwa 20 Min. überbacken. In der Zwischenzeit die Mandelblättchen in einer Pfanne ohne Fett rösten. Den Auflauf aus dem Ofen nehmen und mit den Mandelblättchen bestreut servieren.

Fruchtiger Käsesalat mit Walnüssen

E

Für 2 Personen ► gelingt leicht
45 Min.

1 kleine Salatgurke
1 EL Öl
Meersalz
1 kleines Bund Dill
1 säuerlicher Apfel
1 EL Zitronensaft
125 g kernlose Trauben
160 g Käse, z. B. Gouda oder Fol Epi
125 g Joghurt
50 ml naturreiner Apfelsaft
1 TL Curry
1 Msp. Cayennepfeffer
1 kleiner Kopfsalat
6 Walnusskerne

Die Gurke schälen, längs vierteln und in Würfel schneiden. Das Öl in einer Pfanne erhitzen, Gurke zufügen und bei starker Hitze unter Rühren 8–10 Min. schmoren lassen. Mit dem Salz würzen, dann beiseite stellen und abkühlen lassen. Den Dill fein hacken. Den Apfel waschen, vierteln, entkernen, in kleine Würfel schneiden und mit dem Zitronensaft beträufeln. Die Trauben waschen. Den Käse fein würfeln, mit den Apfelstücken und Trauben mischen. Für das Dressing den Joghurt mit Apfelsaft cremig verrühren. Mit Curry, Cayennepfeffer und Salz würzen, dann in eine kleine Sauciere geben. Den Salat putzen, waschen, abtropfen lassen und flach auf einer Platte ausbreiten. Das Gurkengemüse auf die Blätter geben und den Apfel-Käse-Salat darauf anrichten. Mit den Walnusskernen und Dill bestreuen. Zusammen mit der Sauce servieren.

Lachsspieße auf Orangen-Fenchel

E

Für 2 Personen ► gelingt leicht
45 Min.

350 g Lachs
1 grüne Paprikaschote
8–10 Kirschtomaten
2 EL Öl
2 EL Zitronensaft
Meersalz
½ TL Chili
1 großer Fenchel
2 Orangen
1 EL Butter
2 EL Sahne

Den Fisch waschen, trockentupfen und in Würfel schneiden. Die Paprikaschote putzen, waschen und in Stücke schneiden. Die Tomaten waschen. Für die Marinade das Öl mit dem Zitronensaft verrühren und mit dem Salz und Chili würzen. In bunter Reihenfolge den Fisch, Paprikastücke und Tomaten auf Spieße stecken und mit der Marinade bestreichen. Die Spieße in eine Grillpfanne legen und etwa 15 Min. von allen Seiten grillen. Den Fenchel waschen, putzen und den Strunk herausschneiden. Den Fenchel in feine Streifen schneiden, das Grün hacken und beiseitestellen. Eine Orange auspressen, die andere schälen und in kleine Würfel schneiden. Die Butter in einer Pfanne schmelzen lassen und den Fenchel darin unter Rühren zart anbraten. Mit Salz und Chili würzen und mit dem Orangensaft löschen. Bei schwacher Hitze 4–5 Min. dünsten. Sahne und Orangenwürfel unterrühren und mit dem Fenchelgrün bestreuen. Zusammen mit den Fischspießen servieren.

Viktoriabarschfilet mit Kräuterkruste

E

Für 2 Personen ► gut vorzubereiten
45 Min.

1 EL Kapern
1 kleines Bund Kräuter
(z. B. Petersilie, Zitronenmelisse, Thymian)
1 EL Öl
2 EL geriebener Käse
(z. B. Gouda, Emmentaler oder Greyerzer)
2 EL fein gemahlene Mandeln
2 Viktoriabarschfilets à 200 g
Pfeffer
3 Fleischtomaten
Meersalz

Die Kapern grob zerkleinern. Die Kräuter waschen, trockenschütteln und fein hacken. Kapern, Kräuter, 1 EL Öl und den Käse mit den gemahlenen Mandeln mischen. Den Backofen auf 180 °C vorheizen. Den Fisch waschen, mit Küchenpapier abtrocknen und von beiden Seiten mit Pfeffer und Salz würzen. Backpapier auf ein Backblech legen und mit dem restlichen Öl einfetten. Die Fischfilets auf das Backpapier geben und mit der Kräutermischung bestreichen. Die Filets mit Backpapier abdecken. Die Tomaten waschen, von den Stielansätzen befreien und halbieren. Mit Thymian und Salz würzen. Mit der Schnittfläche nach unten ebenfalls auf das Backblech geben. Fischfilets und Tomaten im Backofen 10 Min. garen, dann das Backpapier entfernen und weitere 10 Min. backen, bis sich auf dem Fisch eine leichte Kruste gebildet hat.

Lachsspieße auf Orangen-Fenchel

Fisch-Gemüse-Fondue

E

Für 2 Personen ► gut vorzubereiten
45 Min.

200 g frischer Blattspinat
150 g Brokkoli
1 rote Paprika
100 g Champignons
1 Zucchini
100 g Sprossen
100 g Mais (TK)
150 g frischer Lachs
150 g Rotbarsch oder Schellfisch
100 g geschälte rohe Garnelen
1 kleines Bund Kräuter (Petersilie, Dill, Schnittlauch)
150 g Joghurt
3 EL saure Sahne
2 EL Zitronensaft
Meersalz und Pfeffer
2 l heiße Gemüsebrühe

Den Spinat verlesen, putzen, waschen, zerkleinern und gut abtropfen lassen. Den Brokkoli putzen und in Röschen teilen. Paprikaschote, Pilze und Zucchini waschen, putzen und würfeln. Sprossen abspülen. Gemüse, Pilze, Sprossen und Mais getrennt in kleine Schüsseln geben. Fisch und Garnelen abwaschen und mit Küchenpapier trocknen. Den Fisch in mundgerechte Stücke schneiden und zusammen mit den Garnelen auf einer Platte anrichten. Die Kräuter waschen und fein hacken. Joghurt, saure Sahne, Zitronensaft und Salz verrühren. Die gehackten Kräuter untermischen. Einen Fonduetopf mit der heißen Brühe füllen und auf das Rechaud stellen. Nach Belieben Gemüse- und Fischstücke in kleine Siebe geben und das Ganze in 3–5 Min. garen. Mit Pfeffer und Salz würzen.

Bohnen-Mais-Salat mit Salbeimakrelen

E

Für 2 Personen ► gelingt leicht
45 Min.

500 g grüne Bohnen
Meersalz
6 EL Mais (TK)
1 kleine Zwiebel
125 g Joghurt
1 EL Obstessig
Pfeffer
1 TL Senf
2 EL Öl
12 Salbeiblättchen
4 frische Makrelenfilets mit Haut
1 EL Butter
3 EL fein gemahlene Mandeln

Die Bohnen waschen, putzen und in Stücke schneiden. Leicht gesalzenes Wasser zum Kochen bringen und die Bohnen darin in etwa 18 Min. bissfest garen. Bohnen aus dem Wasser nehmen, abkühlen lassen und mit dem Mais mischen, das Bohnenwasser aufbewahren. Die Zwiebel abziehen und fein würfeln. Mit dem Joghurt, 4 EL Bohnenwasser, Essig, Salz, Pfeffer und Senf verrühren und mit den Bohnen mischen. Die Salbeiblättchen in einer Pfanne mit dem Öl frittieren. Dann die Kräuter herausnehmen. Die Fischfilets mit Pfeffer und Salz würzen. Die Hautseite dünn mit der Butter bestreichen und beide Seiten im Mandelmehl panieren. Den Fisch mit der Hautseite nach unten im restlichen Öl einige Minuten scharf anbraten. Danach wenden und weitere 2 Min. braten. Den Salbei auf den Makrelenfilets verteilen und zusammen mit dem Salat servieren.

Bratgemüse mit Brokkolisauce und Eiern

E

Für 2 Personen ► gelingt leicht
45 Min.

75 g Brokkoli
Meersalz
3 Zweige Petersilie
150 g Joghurt
1 EL saure Sahne
50 g roher Schinken (z. B. Rinder- oder Putenlachsschinken)
2 junge Kohlrabi
4 Möhren
1 EL Butter
4 Eier

► Für die Sauce den Brokkoli waschen, putzen und in kleine Röschen teilen. Die Stiele schälen und in kleine Stücke schneiden. Das Gemüse in wenig Salzwasser 5 Min. bissfest garen, aus der Brühe nehmen und abkühlen lassen. Die Petersilie waschen, trockenschütteln und von den Stielen zupfen. Joghurt mit der Sahne mischen. Brokkoli und Petersilie unterrühren, leicht salzen und alles mit dem Schneidstab fein pürieren. ► Den Schinken in kleine Würfel schneiden. Kohlrabi und Möhren schälen und beides klein würfeln. Butter in einer Pfanne schmelzen lassen und die Schinkenwürfel darin zart anbraten. Kohlrabi- und Möhrenwürfel dazugeben und unter gelegentlichem Rühren bei geringer Hitze in 12–15 Min. bissfest braten. ► Die Eier hart kochen, mit kaltem Wasser abschrecken, pellen und vierteln. Das gebratene Gemüse zusammen mit der Sauce und den Eiern servieren.

Gemüseauflauf mit Ei und Schinken

E

Für 2 Personen ► gelingt leicht
45 Min.

1 Zwiebel
2 Zucchini
1 Stange Lauch
200 g Champignons
100 g Rinderschinken
1 EL Öl
Pfeffer
Meersalz
1 kleines Bund Schnittlauch
4 große Eier
3 EL Milch

► Die Zwiebel abziehen, halbieren und in feine Streifen schneiden. Zucchini waschen, putzen und in dünne Scheiben schneiden. Den Lauch putzen, waschen und ebenfalls in kleine Scheiben schneiden. Die Champignons putzen, abreiben und vierteln. Den Schinken fein würfeln. Den Backofen auf 200 °C vorheizen. ► Das Öl in einer beschichteten Pfanne erhitzen. Zwiebel, Zucchini, Pilze und Schinkenwürfel darin unter Rühren etwa 5 Min. kräftig anbraten. Mit Pfeffer und Salz würzen. Anschließend das Gemüse in eine feuerfeste Form geben. ► Den Schnittlauch waschen, trockenschütteln und in Röllchen schneiden. ► Die Eier mit der Milch, Salz, Pfeffer und 1 EL Schnittlauchröllchen kräftig verquirlen und das Gemüse damit übergießen. Den Auflauf im Backofen in etwa 25 Min. überbacken, bis die Eier gestockt sind. Mit dem restlichen Schnittlauch bestreut servieren.

Trennkost und Thermomix

In einer Zeit, in der es immer mehr darum geht, Zeitpläne und Fristen einzuhalten, haben Fast Food und Fertiggerichte Hochkonjunktur. Gesundes Essen bleibt dabei oft auf der Strecke. Für diejenigen, die sich dennoch nach geschmackvollen und vitaminreichen Mahlzeiten sehnen, liegt der Schlüssel darin, effizienter zu kochen. Darum entdecken Sie neues Kochen mit dem Thermomix! Mit solch einer cleveren Küchenmaschine zaubern Sie im Handumdrehen gesunde und leicht bekömmliche Trennkost-Mahlzeiten auf den Tisch. Lassen Sie sich von den folgenden Rezepten inspirieren. Weitere Rezeptideen finden Sie in meinem Buch: »Trennkost – Kochen mit dem Thermomix«.

Mango-Pfirsich-Smoothie

E

Für 2 Gläser (à 350 ml) ► gelingt leicht
15 Min.

150 g Pfirsiche › 1 große Mango (ca. 360 g) › 250 g griechischer Joghurt › 2 EL Zitronensaft › 1 EL Stevia GrooVia oder 2 EL Akazienhonig › 6 Eiswürfel › einige Minzeblättchen

Pfirsiche kurz mit kochendem Wasser überbrühen, die Haut abziehen, Früchte halbieren und die Kerne entfernen. Mango schälen, Kern entfernen und Fruchtfleisch grob würfeln. Die Fruchtwürfel zusammen mit Joghurt, Zitronensaft, Stevia bzw. Honig in den Mixtopf geben und **15 Sek./Stufe 7** fein pürieren. Eiswürfel dazugeben und nochmals alles **4 Sek./Stufe 6** mixen. Den Smoothie in Gläser füllen, mit Minze garnieren und sofort servieren. Variante: Nach Belieben Milch dazugeben, **6 Sek./Stufe 5** durchmixen, evtl. etwas nachsüßen und fertig ist das Milchmixgetränk.

Frühlingseintopf mit Hackbällchen

E

Für 2 Portionen ► gelingt leicht
35 Min.

4 frische Geflügelbratwürste › 2 EL Öl › 2 Frühlingszwiebeln › 2 Möhren › 200 g Zucchini › 200 g Kohlrabi › 80 g Erbsen (tiefgekühlt) › 2 geschälte Tomaten › je 1 EL gehackter Rosmarin und Thymian › 1 Msp. Cayennepfeffer › 600 ml Gemüsebrühe › 1 EL gehackte Petersilie

➤ Brät aus Bratwürsten herausdrücken, kleine Bällchen formen, in 1 EL Öl anbraten. ➤ Frühlingszwiebeln putzen und in Stücke schneiden. Möhren, Zucchini und Kohlrabi schälen und grob würfeln. ➤ Frühlingszwiebeln und Gemüse in den Mixtopf geben und alles **4 Sek./Stufe 5** zerkleinern. ➤ 1 EL Öl zugeben und **3 Min./Varoma/Stufe 1** dünsten. ➤ Erbsen, Tomaten und Gewürze dazugeben, die Brühe angießen, den Mixtopf schließen, **15 Min./100°/Stufe 1/Linkslauf** garen. ➤ Hackbällchen in den Eintopf geben. Mit Petersilie bestreut servieren.

Polnischer Krautsalat mit Pastinaken und Bratwurst

E

Für 2 Portionen ► gelingt leicht
30 Min.

1 Zwiebel › 200 g Weißkraut › 100 g Möhren › 1 saftiger Apfel › 2 EL Zitronensaft › 3 EL Öl › 150 g Sauerkraut › 200 g Pastinaken › 1 EL Butter › Pfeffer › Meersalz › 4 Geflügelbratwürste

➤ Zwiebel abziehen und vierteln. Weißkraut putzen, in grobe Stücke schneiden. Beides in den Mixtopf geben und **6 Sek./Stufe 5** zerkleinern. In eine Schüssel umfüllen, leicht salzen und mit den Händen etwas verkneten. ➤ Möhren schälen und grob zerkleinern. Apfel schälen, vierteln und entkernen. Möhren, Apfel, Zitronensaft, 1 EL Öl und Pfeffer in den Mixtopf geben und **3 Sek./Stufe 5** zerkleinern. Weißkraut und Sauerkraut dazugeben und alles **10 Sek./Stufe 3** miteinander vermischen. Kurze Zeit ziehen lassen. ➤ Pastinaken abschaben und in dünne Scheiben schneiden. Butter und 1 EL Öl in einer Pfanne erhitzen. Pastinakenscheiben unter Wenden knusprig braten. Mit Pfeffer und Salz würzen. ➤ In einer zweiten Pfanne die Würste mit etwas Öl braun braten. Zusammen mit Krautsalat und Pastinaken servieren.

Marmorierte Beerengrütze

E

Für 2 Personen ► gut vorzubereiten
15 Min. + 3 Std. Gelierzeit

2 Blatt Gelatine
500 g gemischte rote Beeren
1 kleine Zimtstange
3 Gewürznelken
einige Tropfen Stevia flüssig oder
1½ EL flüssiger Honig
100 g Sahne

➤ Die Gelatine in kaltem Wasser 10 Min. einweichen. ➤ Die Früchte putzen, waschen und in einen Topf geben. ¼ l Wasser, die Zimtstange und die Nelken hinzufügen und alles aufkochen lassen. ➤ Die Gelatine ausdrücken und unter die Grütze rühren. Mit Stevia bzw. Honig süßen, dann abkühlen lassen, in eine Glasschale füllen und für 3 Std. kalt stellen. Die Sahne halb steif schlagen und unregelmäßig unter die Grütze ziehen.

Raffinierte Gerichte – 60 Minuten und mehr

Andalusische Gazpacho

KH

Für 2 Personen ► preisgünstig
25 Min. + 2–3 Std. Kühlzeit

100 g entrindetes Weizenbrot
1 Zwiebel
1–2 Knoblauchzehen
400 g reife Tomaten
100 g Salatgurke
1 rote Paprikaschote
1 EL Olivenöl
1 EL Obstessig
Meersalz
1 TL Sambal Oelek

Das Brot in Würfel schneiden, in warmem Wasser einweichen und ausdrücken. Die Zwiebel und die Knoblauchzehen abziehen und grob würfeln. Die Tomaten kurz überbrühen, häuten, entkernen und grob würfeln. Die Gurke schälen, halbieren, die Kerne mit einem Löffel herausschaben und das Fruchtfleisch in kleine Würfel schneiden. Die Paprikaschote waschen, halbieren, putzen und klein würfeln. Alle Zutaten zusammen mit dem Öl, Essig, Salz und Sambal Oelek mit dem Schneidstab pürieren. Die Gazpacho für mehrere Stunden im Kühlschrank kalt stellen. Kurz vor dem Servieren nach Belieben mit eiskaltem Wasser verdünnen.

TIPP Reichen Sie die Gazpacho nach Belieben mit leckeren Einlagen: knusprig gebratene Brotwürfel, Paprikastückchen, gehackte schwarze Oliven.

Eingelegter Handkäse in Knoblauch-Sahne

KH

Für 2 Personen ► gut vorzubereiten
15 Min. + 24 Std. Zeit zum Durchziehen

4 runde Handkäse à 50 g
1 Zwiebel
1–2 Knoblauchzehen
2 EL Obstessig
3 EL Sahne
2 Scheiben Bauernbrot
3 EL Butter
1 großer Rettich
Meersalz

Den Käse in dünne Scheiben schneiden. Zwiebel und Knoblauch abziehen und fein hacken. Den Essig mit 6 EL Wasser und der Sahne kräftig verquirlen. Zwiebel- und Knoblauchwürfel unterrühren. Den Handkäse in die Marinade geben und zugedeckt für 24 Std. ziehen lassen. Den Rettich spiralförmig aufschneiden, mit Salz bestreuen und 15 Min. ziehen lassen. Die Brote mit der Butter bestreichen und zusammen mit dem Käse und dem Rettich servieren.

TIPP Der »Original Frankfurter Handkäs' mit Musik« wird im Ganzen in Essig, Öl und Zwiebeln eingelegt. In dieser Marinade bleibt er mehrere Tage liegen, um zu reifen. Echte Frankfurter essen diesen Käse, zusammen mit einem deftigen Bauernbrot und guter Butter, nur mit dem Messer. Eine Gabel ist hier tabu.

Gemüse-Spargel-Risotto mit Parmesan

KH

Für 2 Personen ► braucht etwas mehr Zeit
60 Min.

1 Zwiebel
1 Knoblauchzehe
1 TL Butter
120 g Risottoreis
450 ml Gemüsebrühe
200 g Austernpilze
200 g grüner Spargel
1 rote Paprikaschote
1 Zucchini
1 EL Öl
1 Msp. Chili
25 g Parmesan, gerieben
1 TL Curry
1 Zweig Petersilie
Pfeffer und Meersalz

Zwiebel und Knoblauch abziehen und fein hacken. Die Butter in einem Topf erhitzen. Zwiebel und Knoblauch darin glasig braten. Den Reis dazugeben und kurz mitbraten. Die Brühe nach und nach dazugießen und zwischendurch umrühren. Brühe erst wieder nachgießen, wenn der Reis fast alle Flüssigkeit aufgesogen hat. Den Reis anschließend 30 Min. quellen lassen. Die Pilze putzen und in Scheiben schneiden. Den Spargel waschen, putzen und in 3 bis 4 cm lange Stücke brechen. Paprika und Zucchini putzen und klein würfeln. Das Öl in einer Pfanne erhitzen. Pilze und das Gemüse hinzufügen und unter Rühren 8–10 Min. braten. Mit Chili und Salz würzen. Den Käse unter das Risotto rühren. Mit Pfeffer, Salz und Curry abschmecken. Das Risotto zusammen mit dem Gemüse auf einer Platte anrichten. Mit der Petersilie garniert servieren.

Pikanter Zwiebel-Lauch-Kuchen

KH

Für 2 Personen ► braucht etwas mehr Zeit
70 Min.

25 g frische Hefe
200 g feines Dinkelvollkornmehl
½ TL Meersalz
1½ EL Öl
etwas Butter für die Form
2 Stangen Lauch
1 Gemüsezwiebel
80 g Sahne
1 Eigelb
120 g geriebener Allgäuer Emmentaler
Kräutersalz
etwas frisch geriebene Muskatnuss
1 Msp. Cayennepfeffer

Die Hefe in 130 ml warmem Wasser auflösen und mit der Hälfte des Mehls zu einem Vorteig verrühren. Den Teig etwa 20 Min. zugedeckt an einem warmen Ort gehen lassen. Das restliche Mehl, das Salz und ½ EL Öl hinzufügen und alles zu einem Teig verkneten. Den Teig in einer mit Butter gefetteten Springform verteilen und am Rand etwas hochziehen. Zugedeckt nochmals etwa 20 Min. gehen lassen. Den Lauch und die Zwiebel putzen und in feine Ringe schneiden. Das restliche Öl in einer Pfanne erhitzen und beides darin glasig dünsten. Den Backofen auf 200 °C vorheizen. Die Sahne mit 80 ml Wasser, dem Eigelb und dem Käse verquirlen. Mit Kräutersalz, Muskat und Cayennepfeffer würzen. Die Lauch- und Zwiebelringe auf dem Teig verteilen und mit der Sahne-Käse-Mischung begießen. Im Backofen etwa 20 Min. backen.

Überbackene Grünkohl-Rouladen mit Couscous

KH

Für 2 Portionen ► braucht etwas mehr Zeit
55 Min. + 20 Min. zum Überbacken

4 große Grünkohlblätter
100 g Couscous
300 ml Gemüsebrühe, instant
100 g Möhren
1 Zwiebel
1–2 Knoblauchzehen
1 EL Öl
1 TL Kurkuma
2 TL Garam Masala
75 g cremiger Schafskäse
2 EL gehackte Walnüsse
Pfeffer
Meersalz
130 ml Gemüsebrühe
130 ml Sahne
2 TL Senf
80 g Käse in Scheiben, z. B. Manchego oder Emmentaler

Grünkohlblätter 10 Min. in kochendem Salzwasser blanchieren, herausnehmen, abtropfen lassen, dann die Blattrippen flach abschneiden. Couscous in 300 ml Gemüsebrühe einstreuen, einmal kurz aufkochen und bei ausgeschalteter Herdplatte 10 Min. quellen lassen. Möhren putzen und grob raspeln. Zwiebel und Knoblauch abziehen und in Würfel hacken. Öl in einer Pfanne erhitzen. Möhren, Zwiebel und Knoblauch darin anbraten. Die Hälfte des Couscous sowie Gewürze, Schafskäse und Nüsse dazugeben und unter Rühren 3–4 Min. braten. Mit Pfeffer und Salz abschmecken. Den Backofen auf 200 °C vorheizen. Je ein Grünkohlblatt ausbreiten und je ein Viertel der Couscousmischung daraufgeben, zusammenrollen und in eine Auflaufform setzen. 130 ml Gemüsebrühe mit Sahne und Senf vermischen. Die Sauce gleichmäßig über die Rouladen verteilen und mit den Käsescheiben belegen. Im Backofen 18–20 Min. überbacken. Restlichen Couscous erwärmen und zusammen mit den Grünkern-Rouladen servieren.

Halloumi-Bratlinge mit Tomaten-Salsa auf Salat

E

Für 2 Portionen ► gut vorzubereiten
60 Min.

130 g Möhren
250 g Zucchini
1 Schalotte
1 kleines Bund Petersilie
150 g Halloumi-Käse
1 Ei
2 EL fein geriebene Mandeln
2 EL Öl
2 Tomaten
1 EL Ingwer, frisch gerieben
1–2 TL Garam Masala
1 EL Olivenöl
1–2 EL Zitronensaft
Pfeffer
Meersalz
1 kleiner Romanasalat
1–2 TL Chiliflocken
2 Zitronenspalten

► Möhren schälen, Zucchini waschen und beides auf einer Küchenreibe grob raspeln. Zusammen in eine Schüssel geben, mit 1 TL Salz bestreuen, 10 Min. ziehen lassen, dann kräftig ausdrücken. ► Schalotte in kleine Streifen bzw. Würfel schneiden. Petersilie grob hacken. Den Käse grob reiben. ► Schalotte, Petersilie, Ei, Käse und Mandeln mit den Möhren-Zucchini-Raspeln vermischen. Mit Salz abschmecken. Aus dem Teig vier Bratlinge formen, dabei nochmals ausdrücken und für 15 Min. in den Kühlschrank stellen. ► Das Öl in einer Pfanne erhitzen und die Bratlinge darin bei mittlerer Hitze langsam von beiden Seiten je 8 Min. braten. ► Tomaten waschen, vierteln, von den Stielansätzen befreien. Eine Tomate fein würfeln, die andere mit dem Schneidstab pürieren. Tomatenmus mit Ingwer, Garam Masala, Olivenöl, Zitronensaft, Pfeffer und Salz vermischen. Tomatenwürfel unterrühren. ► Den Salat putzen, waschen und in mundgerechte Stücke zupfen. Zusammen mit den Bratlingen und Tomaten-Salsa auf Teller geben. Mit Chiliflocken bestreuen. Mit Zitronenspalten garniert servieren.

Gewürzreis mit Apfelstückchen

KH

Für 2 Personen ► gut vorzubereiten
60 Min.

125 g Naturreis
½ TL Kurkuma
2 Nelken
1 kleine Zimtstange
½ TL Piment
1 Msp. Muskatnuss
Meersalz
1 Frühlingszwiebel
1 mürber Apfel
einige Zweige Kerbel
1 EL Butter
2 EL Rosinen
12 Haselnüsse
1 TL Curry

► Den Reis in einen Topf geben, gut mit Wasser bedecken und zugedeckt bei schwacher Hitze 30 Min. köcheln lassen. ► Kurkuma, Nelken, Zimtstange, Piment, Muskatnuss und Salz dazugeben, dann den Herd ausschalten und den Reis weitere 15 Min. quellen lassen. Anschließend Nelken und Zimtstange entfernen. ► Die Frühlingszwiebel putzen und waschen. Das Grün in Röllchen, das Weiße in kleine Würfel schneiden. Den Apfel waschen, vierteln, schälen, entkernen und in kleine Würfel schneiden. Den Kerbel waschen, trockenschütteln und fein hacken. ► Die Butter in einer beschichteten Pfanne erhitzen. Die Zwiebel- und Apfelwürfel darin unter Rühren einige Minuten braten. Den Reis, die Rosinen und die Haselnüsse unterrühren und alles mit Curry und Salz würzen. Den Gewürzreis mit dem gehackten Kerbel bestreut servieren.

Dinkelsalat mit Schafskäse

KH

Für 2 Personen ► gut vorzubereiten
25 Min. + 8 Std. Einweichzeit + 35 Min. Kochzeit

120 g Dinkelkörner
1 mürber Apfel
1 Stück Salatgurke (12 cm)
1 rote Paprikaschote
120 g Schafskäse
4 EL Mais (TK)
½ Bund glatte Petersilie
125 g griechischer Joghurt
1 EL Obstessig
1 TL Senf
Kräutersalz
Pfeffer
1 TL Currypulver

► Den Dinkel in einen Topf geben, mit Wasser gut bedecken und etwa 8 Std. quellen lassen. Dann die Körner mit dem Einweichwasser zum Kochen bringen und bei schwacher Hitze 30 Min. garen. Den Dinkel abgießen, abtropfen und auskühlen lassen. ► Den Apfel waschen, vierteln, entkernen und klein würfeln. Die Gurke schälen und in kleine Würfel schneiden. Die Paprikaschote waschen, halbieren, putzen und ebenfalls in kleine Würfel schneiden. Den Schafskäse grob zerbröseln. ► Apfel-, Gurken- und Paprikawürfel, Mais und Käse mit dem Dinkel mischen. Die Petersilie waschen, trockenschütteln und fein hacken. ► Für das Dressing den Joghurt mit Essig und Senf verrühren. Das Dressing mit dem Kräutersalz, Pfeffer und Currypulver würzen und über den Salat gießen. Mit der Petersilie bestreut servieren.

Dinkelsalat mit Schafskäse

Zwiebel-Lauch-Lasagne mit Pinienkernen

KH

Für 2 Personen ► preisgünstig
60 Min.

3 EL Pinienkerne
1 große Zwiebel
2 Stangen Lauch
150 g Champignons
1 Zucchini
1 EL Öl
2 TL Ras el Hanout oder Curry
100 ml Sahne
200 ml Gemüsebrühe
120 g geriebener Greyerzer Käse
6 Lasagneblätter (ohne Vorkochen)
40 g Greyerzer Käse, in Scheiben geschnitten

Die Pinienkerne in einer Pfanne ohne Fett kurz rösten, dann beiseitestellen. Die Zwiebel abziehen und in Ringe schneiden. Den Lauch putzen, waschen und ebenfalls in kleine Ringe schneiden. Die Pilze und Zucchini putzen und in kleine Würfel schneiden. Das Öl in einer Pfanne erhitzen. Die Zwiebel- und Lauchringe darin unter Rühren kräftig anbraten. Die Pilze und Zucchiniwürfel dazugeben und mitschmoren lassen. Das Gemüse mit Ras el Hanout würzen. Sahne und Gemüsebrühe dazugießen und alles 5 Min. köcheln lassen. Den Backofen auf 160 °C vorheizen. In eine Auflaufform abwechselnd Gemüse mit Sahnesauce, etwas geriebenen Käse, Pinienkerne und Nudelblätter schichten, dabei mit Gemüse und Sauce abschließen. Die Lasagne mit dem Käse belegen und im Backofen 25 Min. überbacken.

Stampfkartoffeln mit Auberginen und Ziegenkäse

KH

Für 2 Personen ► preisgünstig
60 Min.

400 g Kartoffeln
Meersalz
1 TL Gemüsebrühe, instant
2 EL Sahne
1 kleiner Zweig Rosmarin
1 Aubergine
3 EL Olivenöl
100 g Ziegenfrischkäse

Die Kartoffeln waschen, schälen und in kleine Stücke schneiden. Diese in einen Topf geben, knapp mit Wasser bedecken und in 20–25 Min. gar kochen. Anschließend im eigenen Kochwasser fein zerstampfen, mit Salz und der Brühe würzen und die Sahne unterrühren. Die Rosmarinnadeln von den Stielen zupfen und fein hacken. Die Aubergine putzen, waschen und in 1 cm dicke Scheiben schneiden. Die Scheiben salzen, 10 Min. Saft ziehen lassen, danach mit Küchenkrepp trockentupfen. Die Scheiben beidseitig dünn mit Öl bestreichen. Eine Pfanne erhitzen, die Auberginenscheiben bei mittlerer Hitze von beiden Seiten braten. Gemüse herausnehmen und mit Küchenkrepp das überschüssige Fett abtupfen. Den Kartoffelbrei in eine Pfanne geben, den Rosmarin darüberstreuen und die Auberginenscheiben dachziegelartig darauf anrichten. Den Käse darüber zerbröseln. Die Pfanne mit einem Deckel verschließen, den Käse leicht anschmelzen lassen und heiß servieren.

Schlesisches Kartoffelgratin

KH

Für 2 Personen ► preisgünstig
60 Min.

400 g Kartoffeln
Meersalz
150 ml Buttermilch
1 große Zwiebel
2 mürbe Äpfel
1 EL Öl
Pfeffer
2 TL getrockneter Majoran
2 EL saure Sahne
80 g Emmentaler Käse, dünn in Scheiben geschnitten

Die Kartoffeln schälen, in Würfel schneiden, mit Salzwasser knapp bedecken und zugedeckt in 20–25 Min. garen. Das Wasser abgießen und die Kartoffeln zusammen mit der Buttermilch zu Brei stampfen. Die Zwiebel abziehen und in dünne Ringe schneiden. Die Äpfel waschen, schälen, vierteln, die Kerngehäuse herausschneiden und die Viertel in dünne Spalten schneiden. Das Öl in einer Pfanne erhitzen. Die Zwiebelringe und Apfelspalten darin braten. Mit Pfeffer, Salz und Majoran würzen. Den Backofen auf 180 °C vorheizen. Das Püree in eine Auflaufform geben, mit der sauren Sahne bestreichen und die gebratenen Zwiebeln und Apfelspalten gleichmäßig darauf verteilen. Den Auflauf mit dem Käse belegen und im Backofen 15 Min. überbacken.

Italienische Parmesankartoffeln mit Tomaten

KH

Für 2 Personen ► preisgünstig
60 Min.

2 mittelgroße Kartoffeln
Pfeffer
Meersalz
20 g weiche Butter
2 EL fein geriebener Parmesan
6 Tomaten
1 kleine Zwiebel
2 EL Olivenöl
einige Basilikumblättchen
100 g Schafskäse

Die Kartoffeln waschen und schälen. In die obere Seite der Kartoffeln, in Abständen von je einem halben Zentimeter, gleichmäßige 2–3 cm tiefe Kerben schneiden. Die Kartoffeln in eine Auflaufform geben, mit Pfeffer und Salz würzen und die Butter in die Kerben streichen. Die Kartoffeln im Backofen bei 160 °C 40 Min. backen, zwischendurch mit der Butter aus der Pfanne bestreichen. Nach 40 Min. Backzeit den Parmesankäse über die Kartoffeln streuen und weitere 10–15 Min. backen. Die Tomaten waschen, von den Stielansätzen befreien und in Scheiben schneiden. Die Zwiebel abziehen und fein würfeln. Die Tomaten in eine Schüssel geben, Zwiebel und Öl untermischen und den Salat mit Pfeffer und Salz würzen. Mit Basilikumblättchen garnieren. Den Schafskäse in Würfel schneiden. Die Kartoffeln aus dem Ofen nehmen und mit den Tomaten und dem Schafskäse servieren.

Gemüsekuchen vom Blech

KH

Für 4 Personen ► braucht etwas mehr Zeit
60 Min.

375 g feines Dinkelvollkornmehl
1 Pck. Backpulver
Meersalz
250 g Joghurt
3 EL Olivenöl
1 TL Thymian
etwas Butter für das Blech
2 rote Paprikaschoten
1–2 TL Sambal Oelek
2 TL Paprikapulver
Kräutersalz
1 Gemüsezwiebel
2 Stangen Lauch
200 g Champignons
Pfeffer
1–2 TL Oregano
250 g Greyerzer Käse
50 g Oliven

Das Mehl mit dem Backpulver mischen. Salz, Joghurt, 2 EL Wasser, 2 EL Öl und Thymian zufügen und alles zu einem glatten Teig verkneten. Das Backblech mit etwas Butter einfetten, den Teig darauf geben und mit nassen Händen auseinanderdrücken, bis der Boden bedeckt ist. Den Backofen auf 200 °C vorheizen. Für den Belag eine Paprikaschote halbieren, putzen, waschen, grob zerkleinern und mit dem Schneidstab zu einer Paste pürieren. Mit Sambal Oelek, Paprikapulver und Kräutersalz würzen. Zwiebel und Lauch schälen bzw. putzen und in dünne Ringe schneiden. Die Champignons putzen, abreiben und in Scheiben schneiden. Die zweite Paprikaschote waschen, halbieren, putzen und in kleine Streifen schneiden. Das restliche Öl in einer beschichteten Pfanne erhitzen. Zwiebel- und Lauchringe, Pilze und Paprikastreifen unter Rühren kräftig anbraten. Mit Kräutersalz, Pfeffer und Oregano würzen. Den Käse in Scheiben schneiden. Zuerst die Paprikapaste, danach das gebratene Gemüse gleichmäßig auf dem Teigboden verteilen. Mit den Oliven und dem Käse belegen. Den Gemüsekuchen im Backofen 20 Min. backen.

Matjes in Zwiebel-Apfel-Sauce mit Pellkartoffeln

KH

Für 2 Personen ► gelingt leicht
35 Min. + 24–48 Std. Zeit zum Ziehen

1 Zwiebel
1 großer mürber Apfel
1 kleines Bund Dill
6 EL Sahne
1 EL Obstessig
1 Lorbeerblatt
5 Wacholderbeeren
1 EL Rosinen
2 EL saure Sahne
6 Matjesfilets
400 g kleine Kartoffeln

Die Zwiebel abziehen und in dünne Ringe schneiden. Den Apfel schälen, vierteln, das Kerngehäuse herausschneiden und die Frucht in dünne Spalten schneiden. Den Dill waschen, trockenschütteln und fein hacken. Die Sahne mit 120 ml Wasser und dem Essig vermischen. Das Lorbeerblatt, die Wacholderbeeren, die Rosinen, den Dill, die Zwiebelringe und die Apfelspalten hinzufügen und alles etwa 24–48 Std. ziehen lassen. Am nächsten Tag das Lorbeerblatt entfernen und die saure Sahne untermischen. Die Matjesfilets in die Sauce zwischen die Apfelspalten und Zwiebelringe legen. Die Kartoffeln waschen und in der Schale 20–25 Min. garen. Den eingelegten Fisch zusammen mit der Sahnesauce und den heißen Pellkartoffeln servieren.

Feine Lachs-Terrine

E

Für 2 Personen ► gut vorzubereiten
30 Min. + 6–8 Std. Kühlzeit

3 Blatt Gelatine
1 kleine Stange Lauch
50 g Räucherlachs
1 kleines Bund Dill
Meersalz
200 g frisches Lachsfilet
3 Blatt Gelatine
50 g Räucherlachs
150 g Buttermilch
125 g Joghurt
1–2 EL Meerrettich aus dem Glas
Pfeffer

Die Gelatine in kaltem Wasser einweichen. Lauch putzen, waschen und in Streifen schneiden. Den Räucherlachs würfeln. Vom Dill einige Zweige beiseitelegen, den Rest fein hacken. 150 ml leicht gesalzenes Wasser in einem kleinen Topf aufkochen lassen. Das Lachsfilet dazugeben und zugedeckt 10 Min. leise kochen lassen. Den Lachs aus dem Sud nehmen, dann mit einer Gabel fein zerdrücken. Den gekochten Lachs mit den rohen Lachswürfeln in einer Schüssel mischen. Buttermilch, Joghurt, 50 ml Fischsud, Lauch, Meerrettich und gehackten Dill unterrühren. Alles mit Pfeffer und Salz würzen. Die Gelatine ausdrücken, in einem Topf erwärmen und tropfenweise unter die Lachsmischung rühren. Eine Kastenform mit Klarsichtfolie auslegen, die Masse einfüllen und über Nacht im Kühlschrank fest werden lassen. Dann auf eine Platte stürzen, die Folie entfernen und die Lachs-Terrine mit den Dillzweigen garnieren.

Würzige Fischstückchen aus dem Wok mit Salat

E

Für 2 Personen ► gelingt leicht
15 Min. + 45 Min. Zeit zum Marinieren

400 g Fischfilet (z. B. Pangasius, Lachs oder Rotbarsch)
2 Knoblauchzehen
3 Wacholderbeeren
1 TL Thymian
1 Msp. Chili
3 EL Öl
2 EL Zitronensaft
75 g Feldsalat
1 Bund Radieschen
4 Champignons
1 Tomate
1 kleine Zwiebel
1 TL Gemüsebrühe, instant
1 EL Balsamico-Essig
Pfeffer und Meersalz

Den Fisch waschen, mit Küchenpapier trocknen und in Würfel schneiden. Den Knoblauch abziehen und hacken. Wacholderbeeren, Thymian, Chili, Salz und Knoblauch im Mörser zerreiben. Die Mischung mit 2 EL Öl und Zitronensaft verrühren und den Fisch mit der Marinade bestreichen. Im Kühlschrank etwa 45 Min. ziehen lassen. Salat, Radieschen, Pilze und Tomate klein schneiden und auf einer Platte anrichten. Für das Dressing die Zwiebel fein würfeln. Die Brühe in 3 EL heißem Wasser auflösen, mit Essig und Pfeffer würzen, das restliche Öl unterschlagen und die Zwiebelwürfel unterrühren. Die Sauce über den Salat träufeln. Die Fischwürfel im heißen Wok bei starker Hitze unter Rühren 3–4 Min. scharf braten. Den Fisch zusammen mit dem Salat servieren.

Schinken-Fleisch-Spieße auf italienischem Gemüsesalat

E

Für 2 Personen ► gut vorzubereiten
60 Min.

1 Knoblauchzehe
1 Aubergine
1 Zucchini
1 rote Paprikaschote
3 EL Olivenöl
2 Rumpsteaks à 180 g
1 große Zwiebel
60 g Rinderschinken, dünn geschnitten
1 TL Rosenpaprika
Meersalz
1 EL Balsamico-Essig
Pfeffer

Den Knoblauch abziehen und fein hacken. Die Aubergine und die Zucchini waschen, putzen und in kleine Würfel schneiden. Die Paprikaschote halbieren, waschen und würfeln. 2 EL Öl in einer Pfanne erhitzen und den Knoblauch darin anbraten. Auberginen-, Zucchini- und Paprikawürfel hinzufügen, unter Rühren 8–10 Min. braten. Das Fleisch und den Schinken in schmale Streifen schneiden. Zwiebel abziehen und achteln. Schinken auf die Fleischstreifen legen und beides zusammenrollen. Abwechselnd Fleisch- und Zwiebelstücke auf Schaschlikspieße stecken. Für die Marinade das restliche Öl mit dem Paprikapulver und Salz verrühren. Den Grill vorheizen. Die Spieße mit der Marinade bestreichen und etwa 15 Min. rundum grillen. Den Gemüsesalat mit Essig beträufeln, mit Salz und Pfeffer würzen und zusammen mit den Fleischspießen servieren.

Bohnen-Lamm-Gulasch

E

Für 2 Personen ► gelingt leicht
30 Min. + 90 Min. Kochzeit

3 reife Tomaten
1 Zwiebel
1–2 Knoblauchzehen
½ kleine Chilischote
350 g mageres Lammfleisch
1 EL Öl
350 ml Gemüsebrühe
600 g grüne Bohnen
1 Zweig Bohnenkraut
Pfeffer
Meersalz
1 EL Crème fraîche

Die Tomaten über Kreuz einritzen, mit kochendem Wasser überbrühen und abziehen. Stielansätze herausschneiden und die Tomaten würfeln. Zwiebel und Knoblauch abziehen und fein würfeln. Die Chilischote entkernen und in feine Streifen schneiden. Das Fleisch kurz waschen, trockentupfen und würfeln. Das Öl in einer Pfanne erhitzen und das Fleisch darin rundherum scharf anbraten. Zwiebeln, Knoblauch und Chili dazugeben und alles unter Rühren bei starker Hitze braten. Die Tomatenwürfel dazugeben, die Brühe angießen und alles zugedeckt 1 Std. leise kochen lassen. Die Bohnen waschen, putzen und in etwa 3 cm lange Stücke schneiden. Die Bohnen zusammen mit dem Bohnenkraut zum Gulasch geben und weitere 15–18 Min. garen. Das Bohnenkraut entfernen. Die Sauce mit Pfeffer und Salz würzen und mit Crème fraîche verfeinern. Heiß servieren.

Rahmgulasch mit Gemüsetrio

E

Für 2 Personen ► gut vorzubereiten
30 Min. + 90 Min. Kochzeit

3 reife Tomaten
2 Zwiebeln
360 g mageres Rindfleisch
1 EL Olivenöl
1–2 EL Paprikapulver
½ TL gemahlener Kümmel
1 EL Tomatenmark
125 ml Rotwein
250 ml Gemüsebrühe
250 g Blumenkohl
250 g Brokkoli
250 g Romanesco
Pfeffer
Meersalz
3 EL süße Sahne

Die Tomaten über Kreuz einritzen, überbrühen und häuten. Stielansätze herausschneiden und die Tomaten würfeln. Die Zwiebeln abziehen und in Würfel schneiden. Das Fleisch kurz waschen, trockentupfen und in Würfel schneiden. Das Öl in einer hochwandigen Pfanne erhitzen und das Fleisch darin rundherum scharf anbraten. Die Zwiebeln dazugeben und alles mit Paprikapulver und Kümmel bestäuben. Tomatenwürfel und Tomatenmark dazugeben und alles unter Rühren braten. Mit dem Rotwein ablöschen. Die Brühe dazugießen und alles zugedeckt 1½ Std. leise kochen lassen. Blumenkohl, Brokkoli und Romanesco putzen und in Röschen schneiden. Das Gemüse in kochendem Salzwasser bissfest garen, aus dem Wasser heben und gut abtropfen lassen. Das Gulasch mit Pfeffer und Salz würzen und mit der Sahne verfeinern. Zusammen mit dem Gemüsetrio servieren.

Tomaten-Puten-Gratin

E

Für 2 Personen ► gut vorzubereiten
30 Min. + 30 Min. Backzeit

350 g Putenbrust
1 EL Olivenöl
4 reife Tomaten
1 Zwiebel
1–2 Knoblauchzehen
125 ml Gemüsebrühe
2 EL Tomatenmark
1 TL Thymian
1 Zweig Rosmarin
Meersalz
125 g Mozzarella
2 Fleischtomaten

Das Fleisch kalt abwaschen, mit Küchenpapier trockentupfen, dann in Würfel schneiden. Das Öl in einer Pfanne erhitzen und das Fleisch darin rundum kräftig anbraten. Die Tomaten überbrühen, häuten, Stielansätze entfernen, Tomaten würfeln. Zwiebel und Knoblauch abziehen und beides grob hacken. Die Brühe mit dem Tomatenmark mischen. Die Rosmarinnadeln von den Stielen zupfen und fein hacken. Tomaten, Zwiebel und Knoblauch mischen, mit den Kräutern und Salz würzen. Die Hälfte in eine Auflaufform geben, das Fleisch darauflegen. Mit dem übrigen Gemüse bedecken und mit Brühe auffüllen. Den Mozzarella in Stücke schneiden und den Auflauf damit belegen. Den Auflauf mit Alufolie abdecken und 15 Min. im Backofen bei 200 °C garen. Dann die Folie entfernen und weitere 15 Min. schmoren lassen. Die Fleischtomaten waschen, in Spalten schneiden und mit Pfeffer und Salz würzen. Zusammen mit dem Tomaten-Puten-Gratin servieren.

Putenkeule mit Möhren-Apfel-Gemüse

E

Für 2 Personen ► gut vorzubereiten
105 Min.

1 Putenkeule
Meersalz
1 TL Honig
600 g Möhren
1 großer säuerlicher Apfel
1 EL Butter
½ TL Nelkenpulver
1 TL Zimt

Das Fleisch waschen, mit Küchenpapier trockentupfen und mit Salz einreiben. 1 große Tasse Wasser in eine Fettpfanne geben, die Putenkeule in das Wasser setzen und im Backofen bei 160 °C etwa 90 Min. langsam garen lassen. Dabei immer wieder mit Bratensaft begießen. Den Honig mit 1 TL Salz und 1 EL Wasser verrühren. 15 Min. vor Ende der Garzeit das Fleisch mit der Honig-Salz-Mischung bestreichen. Die Möhren waschen, putzen und in dünne Scheiben schneiden. Das Gemüse in wenig Salzwasser 12 Min. bissfest garen, aus dem Wasser nehmen und gut abtropfen lassen. Den Apfel waschen, vierteln, entkernen und in feine Scheibchen schneiden. Die Butter in einer Pfanne schmelzen lassen und die Möhren- und Apfelscheiben darin unter Rühren bei schwacher Hitze etwa 6–8 Min. braten. Mit Nelken und Zimt würzen. Das Fleisch zusammen mit dem Möhren-Apfel-Gemüse servieren.

Sauerkirschsuppe mit Joghurtnocken

E

Für 2 Personen ► gut vorzubereiten
40 Min. + 90 Min. Zeit zum Gelieren

1 Blatt weiße Gelatine
125 g Joghurt
2 EL Zitronensaft
1 TL Steviapulver bzw. 3 EL Honig
400 g frische Sauerkirschen
1 Zimtstange
3 Nelken
3–4 Messlöffel Biobin
1 TL Zimtpulver
einige Minzeblättchen

► Die Gelatine in kaltem Wasser 5 Min. einweichen. Den Joghurt mit dem Zitronensaft verrühren. Die Gelatine ausdrücken, in einem kleinen Topf erhitzen und unter den Joghurt rühren. Mit der Hälfte Stevia bzw. Honig süßen. Anschließend im Kühlschrank 1½ Std. fest werden lassen. ► Die Kirschen entsteinen, in einen Topf geben und gut mit Wasser bedecken. Zimtstange, Nelken und restliches Steviapulver bzw. Honig dazugeben und einmal aufkochen lassen. Die Suppe von der Kochstelle nehmen, Zimtstange und Nelken entfernen. ► Das Bindemittel einrühren und nochmals kurz aufwallen lassen. Die Kirschsuppe im Kühlschrank gut abkühlen lassen. ► Von der Joghurtmasse mit 2 Teelöffeln kleine Nocken abstechen und in die kalte Suppe geben. Die Suppe mit dem Zimt bestäuben und mit den Minzeblättchen garniert servieren.

Süßer Apfelauflauf mit Streusel

KH

Für 2 Personen ► gut vorzubereiten
60 Min.

2 EL Mandelblättchen
2 EL Rosinen
2 große mürbe Äpfel
2 EL flüssiger Honig
3 EL weißer Rum
½ TL Kardamom
2 TL Zimt
150 g Schmand
3 EL flüssige Sahne
1 TL Zimtpulver
1 Eigelb
100 g feines Dinkelvollkornmehl
40 g kalte Butter
2 EL fester Honig

► Die Mandeln in einer Pfanne ohne Fett kurz rösten. Die Rosinen mit kochendem Wasser überbrühen, 5 Min. quellen lassen, dann das Wasser abgießen. ► Die Äpfel waschen, vierteln, entkernen und in kleine Würfel schneiden. ► Den Honig leicht erwärmen und mit dem Rum, dem Kardamom und dem Zimt verrühren. Den Honig mit den Apfelstücken, den Rosinen und Mandeln mischen, dann in eine Auflaufform geben und 15 Min. ziehen lassen. Den Backofen auf 180 °C vorheizen. ► Den Schmand mit Sahne, Zimt und Eigelb verrühren und den Guss über den Auflauf gießen. ► Für die Streusel das Mehl mit der Butter und dem Honig verkneten. Den Streuselteig gleichmäßig über den Auflauf bröseln. Alles im Backofen 30–35 Min. backen, bis die Streusel leicht gebräunt sind. Den Apfelauflauf aus der Form servieren.

Sauerkirschsuppe mit Joghurtnocken

Rosinen-Nuss-Brötchen

KH

Für 6 Stück ► gut vorzubereiten
15 Min. + 40 Min. Zeit zum Gehen + 20 Min. Backzeit

3 EL Rosinen
1 Würfel Hefe
300 g feines Dinkelvollkornmehl
1 TL Gemüsebrühe, instant
1 EL Sonnenblumenöl
50 g grob gehackte Haselnüsse
1 Eigelb
3 TL Sesam

Die Rosinen mit kochendem Wasser überbrühen, 5 Min. quellen lassen, dann das Wasser abgießen. Die Hefe in 180 ml warmem Wasser auflösen und mit der Hälfte des Mehls zu einem Vorteig verrühren. Den Teig etwa 20 Min. zugedeckt an einem warmen Ort gehen lassen. Dann das restliche Mehl, Gemüsebrühe und Öl hinzufügen und alles zu einem Teig verkneten. Rosinen und Nüsse unterkneten. Den Teig in 6 gleich große Portionen aufteilen, zu runden Brötchen formen und auf ein mit Backpapier ausgelegtes Blech setzen. Das Eigelb mit 1 EL Wasser verquirlen, die Brötchen damit bestreichen und mit dem Sesam bestreuen. Die Brötchen zugedeckt an einem warmen Ort nochmals etwa 20 Min. gehen lassen. Den Backofen auf 200 °C vorheizen. Die Brötchen 20 Min. backen, aus dem Ofen nehmen. Die abgekühlten Brötchen mit frischer Butter und Honig genießen.

Heidelbeerkompott mit Vanillepudding

KH

Für 4 Personen ► gut vorzubereiten
25 Min. + 1 Std. Kühlzeit

350 g Heidelbeeren (frisch oder TK)
2 EL Stevia GrooVia oder
4 EL Honig
1 EL Speisestärke
1 Päckchen Vanille-Puddingpulver
500 ml Sojamilch
einige Sahnetupfer

Frische Heidelbeeren waschen, gefrorene antauen lassen. Die Beeren in einen Topf geben und gut mit Wasser bedecken. Mit 1 EL Stevia oder Honig süßen und alles einmal aufkochen lassen. Die Speisestärke mit wenig kaltem Wasser glatt rühren und unter die Heidelbeeren rühren. Nochmals aufkochen, dann von der Kochstelle nehmen und auskühlen lassen. Das Puddingpulver mit 10 EL Sojamilch verrühren und mit dem restlichen Stevia oder Honig süßen. Die restliche Sojamilch zum Kochen bringen, dann von der Kochstelle nehmen und das angerührte Puddingpulver einrühren. Den Pudding nochmals aufkochen und unter Rühren 1 Min. leicht kochen lassen. Anschließend das Dessert in eine Schüssel geben. Das Heidelbeerkompott auf dem Pudding gleichmäßig verteilen und etwas einsinken lassen. Das Dessert gut gekühlt, mit Sahnetupfern garniert, servieren.

Knuspriges Crunchy-Müsli

KH

Für etwa 14 Portionen ► gut vorzubereiten
30 Min. + 50 Min. Backzeit

60 g ungeschälte Sesamkörner
150 g Mandeln
125 g Haferflocken
70 g Sonnenblumenkerne
125 g Honig
1 TL Sonnenblumenöl
125 g Rosinen

Die Sesamkörner in einer Pfanne ohne Fett kurz rösten, dann beiseitestellen. Die Mandeln grob hacken. Die Haferflocken mit Sesam, Mandeln, Sonnenblumenkernen und Honig gut mischen. Den Backofen auf 160 °C vorheizen. Das Öl mit 50 ml Wasser verquirlen und unter die Haferflocken-Nuss-Mischung kneten. Die Müslimischung in einer Fettpfanne gleichmäßig verteilen. Das Müsli im Backofen in etwa 45–50 Min. hellbraun rösten und dabei zwischendurch immer wieder umrühren, damit sich Krümel bilden. Das Müsli aus dem Ofen nehmen, abkühlen lassen und zuletzt die Rosinen untermischen. Alles in eine Plätzchendose geben und kühl aufbewahren. Das Müsli ist etwa 3–4 Wochen haltbar.

Geeiste Beeren-Bananen-Creme

KH

Für 2 Personen ► gelingt leicht
15 Min. + 2 Std. Gefrierzeit

2 vollreife Bananen
125 g Heidelbeeren (frisch oder TK)
1 TL Stevia GrooVia oder 3 TL Honig
125 g griechischer Joghurt
4 Minzeblättchen

Die Bananen schälen, in Stücke schneiden und in einem Gefrierbeutel etwa 2 Std. im Gefrierfach frosten. In der Zwischenzeit frische Heidelbeeren verlesen und waschen, gefrorene Beeren auftauen lassen. Einige Früchte für die Garnitur beiseitelegen. Die restlichen Heidelbeeren mit dem Schneidstab fein pürieren und mit Stevia bzw. Honig süßen. Die Banane aus dem Tiefkühlfach nehmen und zusammen mit dem Joghurt fein pürieren. Nach Belieben mit etwas Honig süßen. Die Heidelbeersauce auf 2 Dessertteller geben und die Bananencreme darauf anrichten. Mit den restlichen Heidelbeeren und den Minzeblättchen garniert servieren.

Himbeer-Götterspeise

E

Für 4 Personen ► braucht etwas mehr Zeit
20 Min. + 4 Std. Zeit zum Gelieren

6 Blatt Gelatine
200 g Himbeeren (frisch oder TK)
1½ EL Stevia GrooVia oder 3 EL Honig
250 g Joghurt (10 % Fett)

Die Gelatine in kaltem Wasser 5 Min. einweichen. Frische Himbeeren verlesen, tiefgekühlte auftauen lassen. Einige Himbeeren beiseitelegen. Die Früchte zusammen mit ½ l Wasser aufkochen, danach durch ein Sieb streichen und den heißen Saft dabei auffangen. Die Gelatine ausdrücken, im heißen Himbeersaft auflösen, mit Stevia bzw. Honig süßen. Die Götterspeise in eine Glasschale füllen und im Kühlschrank mindestens 4 Std. fest werden lassen. Danach den Joghurt unregelmäßig unter die Himbeermasse rühren. Mit den restlichen Himbeeren garnieren.

Erdbeercreme mit Minzeblättchen

E

Für 2 Personen ► braucht etwas mehr Zeit
25 Min. + 8 Std. Zeit zum Gelieren

4 Blatt Gelatine
300 g frische Erdbeeren
2 frische Eigelbe
½ TL Stevia-Pulver oder 3 EL Honig
250 g Quark
100 g Sahne
einige Minzeblättchen

Die Gelatine in kaltem Wasser 5 Min. einweichen. Die Erdbeeren waschen, putzen, in Stücke schneiden, dann mit dem Schneidstab pürieren. Einige Früchte für die Garnitur beiseitelegen. Das Erdbeerpüree in einen Topf geben und kurz aufkochen lassen. Die Gelatine ausdrücken und unterrühren. Die Eigelbe mit einem Schneebesen schaumig schlagen. Das Püree tröpfchenweise mit dem Schneebesen unter die Eigelbe rühren, dann mit Stevia bzw. Honig süßen. Den Quark dazugeben und die Creme unter kräftigem Rühren abkühlen lassen. Die Sahne steif schlagen und unterheben. Die Erdbeercreme in eine Glasschüssel geben und im Kühlschrank etwa 8 Std. fest werden lassen. Mit den restlichen Erdbeeren und den Minzeblättchen garnieren.

Joghurt-Buttermilch-Creme mit Aprikosen

E

Für 2 Personen ► gut vorzubereiten
25 Min. + 2–3 Std. Kühlzeit

3 Blatt Gelatine
4 Aprikosen
8 Minzeblättchen
50 g Sahne
125 g Joghurt
250 g Buttermilch
2 EL Zitronensaft
einige Tropfen Stevia flüssig oder 2 EL flüssiger Honig

► Die Gelatine in kaltem Wasser 5 Min. einweichen. ► Die Aprikosen mit kochendem Wasser übergießen, dann kalt abschrecken und die Haut abziehen. Die Früchte entsteinen und in kleine Würfel schneiden. Einige Aprikosenwürfel für die Garnitur beiseitelegen. Die Hälfte der Minze fein hacken. ► Die Sahne steif schlagen. Joghurt, Buttermilch und Zitronensaft mit einem Schneebesen schaumig aufschlagen, mit Stevia bzw. Honig süßen. ► Die Gelatine ausdrücken, in einem kleinen Topf bei geringer Hitze auflösen und tröpfchenweise unter die Joghurt-Buttermilch-Masse rühren. Die Sahne vorsichtig unterheben. ► Die Mischung in eine Dessertschüssel geben und die Aprikosenstücke darin einsinken lassen. Die Creme im Kühlschrank in etwa 2–3 Std. fest werden lassen. Mit den restlichen Aprikosenwürfeln und Minzeblättchen garniert servieren.

Rezeptregister

Liebe Leserin, lieber Leser,

hat Ihnen dieses Buch weitergeholfen? Für Anregungen, Kritik, aber auch für Lob sind wir offen. So können wir in Zukunft noch besser auf Ihre Wünsche eingehen. Schreiben Sie uns, denn Ihre Meinung zählt!

Ihr TRIAS Verlag
E-Mail-Leserservice
kundenservice@trias-verlag.de
Lektorat TRIAS Verlag
Postfach 30 05 04
70445 Stuttgart
Fax: 0711 89 31-748

Bibliografische Information der Deutschen Nationalbibliothek
Die Deutsche Nationalbibliothek verzeichnet diese Publikation in der Deutschen Nationalbibliografie; detaillierte bibliografische Daten sind im Internet über http://dnb.d-nb.de abrufbar.

Programmplanung: Uta Spieldiener
Redaktion: Isabel Lück, Stuttgart
Bildredaktion: Christoph Frick, Nadja Giesbrecht

Layout und Umschlaggestaltung: CYCLUS Visuelle Kommunikation, Stuttgart

Bildnachweis:
Umschlagfoto und alle Rezeptfotos: Meike Bergmann, Berlin
Fotos im Innenteil: Jose Guillen, Dénia/Spanien: S. 2 (außer rechts unten); Getty Images/Digital Vision: S. 6; Getty Images/Image Source: S. 14; Getty Images/Mint Images RF: S. 28
Foodstyling: Caroline Franke, Berlin

2. Auflage

Printed in Germany

Satz und Repro: Fotosatz Buck, Kumhausen
gesetzt in: Adobe InDesign, CS6
Druck: AZ Druck und Datentechnik GmbH, Kempten

Gedruckt auf chlorfrei gebleichtem Papier

ISBN 978-3-432-10221-4 1 2 3 4 5 6

Auch erhältlich als E-Book:
eISBN (ePub) 978-3-432-10223-8

Wichtiger Hinweis: Wie jede Wissenschaft ist die Medizin ständigen Entwicklungen unterworfen. Forschung und klinische Erfahrung erweitern unsere Erkenntnisse. Ganz besonders gilt das für die Behandlung und die medikamentöse Therapie. Bei allen in diesem Werk erwähnten Dosierungen oder Applikationen, bei Rezepten und Übungsanleitungen, bei Empfehlungen und Tipps dürfen Sie darauf vertrauen: Autoren, Herausgeber und Verlag haben große Sorgfalt darauf verwandt, dass diese Angaben dem Wissensstand bei Fertigstellung des Werkes entsprechen. Rezepte werden gekocht und ausprobiert. Übungen und Übungsreihen haben sich in der Praxis erfolgreich bewährt.

Eine Garantie kann jedoch nicht übernommen werden. Eine Haftung des Autors, des Verlags oder seiner Beauftragten für Personen-, Sach- oder Vermögensschäden ist ausgeschlossen.

Geschützte Warennamen (Warenzeichen®) werden nicht besonders kenntlich gemacht. Aus dem Fehlen eines solchen Hinweises kann also nicht geschlossen werden, dass es sich um einen freien Warennamen handelt.